IFLA
病院患者図書館ガイドライン
2000

◆

国際図書館連盟（IFLA）
ディスアドバンティジド・パーソンズ図書館分科会作業部会／編

日本図書館協会障害者サービス委員会／訳

日本図書館協会

Guidelines for Libraries Serving Hospital Patients and the Elderly and
Disabled in Long-term Care Facilities.
Second edition, revised and enlarged. 2000

compiled by a working group chaired by Nancy Mary Panella
under the auspices of the Section of Libraries Serving Disadvantaged Persons

Hague : IFLA Headquarters, 2000. (IFLA Professional Reports: 61)

初版：病院患者と地域の障害者図書館サービス・ガイドライン　1984年
(Guidelines for Libraries Serving Hospital Patients and Disabled People in the Community 1984)

IFLA病院患者図書館ガイドライン　2000　／　国際図書館連盟ディスアドバンティジド・パーソンズ図書館分科会作業部会編　；　日本図書館協会障害者サービス委員会訳．　－　東京　：　日本図書館協会，2001．　－　81p　；　21cm．　－　原書名：Guidelines for Libraries Serving Hospital Patients and the Eldery and Disabled in Long-term Care Facilities．　－　ISBN4-8204-0118-1

tl.　イフラ　ビョウイン　カンジャ　トショカン　ガイドライン　al.　コクサイ　トショカン　レンメイ　a2.　ニホン　トショカン　キョウカイ
sl.　病院図書館　①016.54

刊行にあたって

　私たちが生活する地域社会には何らかの理由で，人類の知的遺産である資料・情報にアクセスできないさまざまな人々がいます。入院患者や長期治療施設で暮らす人たちもこの面で大きなハンディキャップを有しています。
　ところで，最近，「患者本位の医療」とか，「患者の知る権利」ということが脚光を浴びるようになりました。図書館界においても1995年度の全国図書館大会（新潟）の全体会で「患者への図書館サービスの推進拡充を求めるアッピール」が満場一致で採択されました。これ以来，患者へのサービスの進展が徐々にではありますが見られることは喜ばしいことであります。
　このたび，IFLA ディスアドバンティジド・パーソンズ図書館分科会より，「病院患者図書館ガイドライン第2版改訂増補版」がまとめられたことは大変心強い限りです。本書に啓発され，21世紀におけるわが国の患者への医療情報サービスが画期的前進を遂げることを願ってやみません。
　最後に，当委員会のメンバーで当ガイドライン取りまとめにあたり，評価委員として参加する一方，その翻訳と本書の編集・執筆を担当された菊池佑氏に感謝いたします。

2001年6月

　　　　　　　　　　　　　　　　　　日本図書館協会障害者サービス委員会
　　　　　　　　　　　　　　　　　　　　　　委員長　田中章治

「IFLA 病院患者図書館ガイドライン 2000」刊行の意味するもの：ガイドライン作成への参画と日本語訳を担当して

菊池　佑（日本図書館協会障害者サービス委員会委員，
日本病院患者図書館協会会長）

　患者図書館のテーマは国際図書館連盟（IFLA）で1930年代から討議・発表されてきており，長い歴史を持つ。このテーマに関して日本図書館協会が世界に正式にかかわったのは，1986年のIFLA東京大会での「病院図書館会議」の開催に始まる。以後，私はIFLAの常任委員として，世界の病院図書館関係者と情報交換や討議をしてきた。2000年版のガイドライン（英文）の作成では，私は評価・助言委員として参画し，また日本語版も担当した。

　さて，旧版である1984年版のガイドラインが世に出た当時の日本は，図書館員も医療関係者も病院図書館に対する認識は低く，全国的な実態も乏しかった。また図書館施設・設備やサービスの内容も不十分であり，旧ガイドラインとの落差が大きすぎた。そのため参考にするには高嶺の花であり他人事の感は否めず，日本語訳への要望もほとんどみられなかった。

　しかし，1990年代に入り市民の健康意識の高まりと医療問題への関心の増大とともに，医療関係者は制度の大幅変更を余儀なくされた。つまり患者本位の医療サービスの具体化に向けて，医療関係者は努力を開始したのである。一方，医療の消費者である市民もまた，望ましい医療サービスについて意見を積極的に表明するようになってきた。それは経済大国における市民の自立の時代の到来である。

　90年代後半からは，患者図書館の設置に関する情報やノウハウを求める病院が目立つようになってきた。今，21世紀型の医療サービスを目指して，日本の病院は患者中心を軸に据えたさまざまなサービスを模索している。患者のため

の図書館を，病院の新・増・改築に当たり設計に盛り込む病院も現れ始めている。こういう状況下では，このたびのガイドラインの日本語版は時宜を得た刊行であると言えるであろう。

日本における病院患者図書館の運動は，1974年に日本病院図書館研究会(日本病院患者図書館協会の前身)が開始し，その後さまざまな人たちも加わって今日まで続けられてきた。これまで全国実態調査3回とその公表，機関誌『病院患者図書館』の発行，入門書『患者と図書館』の刊行，全国会議開催，関係者・団体への粘り強い働きかけなどを行ってきている。1970〜80年代の啓発期間を経て，90年代には実践の時代に入り，病院内勤務の医学図書室担当の司書もこの分野に参与する例が増加している。そして21世紀初頭の今日では，患者図書館を医療サービスにおいて必要な機関であると見做す人たちが急増している。まさに隔世の感がある。

さて，患者図書館のサービスの内容の歴史を通覧すれば，心の慰めや鼓舞を目的とした宗教書の処方に始まり，やがて娯楽書や一般教養書提供へと拡大し，さらにその後の生涯学習や市民の知る権利，情報へのアクセス権が当然と認識される時代の到来に呼応して，患者への健康・医療情報提供をもサービスに含まれるまでになった。このように患者図書館は教育，文化，医療情報サービスを行う機関に成長・発展している。

娯楽書中心の患者図書館サービスに変化が現れたのは，第二次世界大戦後のことである。アメリカで黒人問題に端を発した公民権運動はやがて消費者運動に発展し，患者もまた医療の消費者という考えの下に，医療情報開示が求められるようになった。80年代にはアメリカの病院で患者に保健関係資料が提供されるようになり，90年代には医療情報文献(医学論文も含む)提供を患者・家族・市民に提供するまでに発展したが，イギリスやスウェーデンでもほぼ同様であった。

＜患者は病気を持った市民＞

ところで，患者への図書館サービスには公共図書館もかかわりを持つ。世界

経済の拡大と軌を一にして，地域社会での公共図書館サービスが質量ともに発展するに伴い，来館の困難な人たちへの図書館サービスにも目が向けられるようになった。その中に入院患者も含まれ，公共図書館は病院にもそのサービスを拡大していった。

　病院にいる図書館利用者は具体的には0歳から高齢者までおり，職業も多岐にわたり，また地域社会に住む障害者と呼ばれる人たちも治療を受けることがある。日本人だけでなく外国人の患者もおり，また入院期間も短期から長期にわたり，さらに入退院を繰り返す人や病院で生涯を終える人もいる。このように病院には実にさまざまな人たちが生活しており，これはさながら地域共同体の様相を呈しているので，病院は「治療共同体」としばしば呼ばれる。つまり，私たちの住む地域社会と同じように，病院においても病気だけでなく多くの障害も実際に見られる。そのため当ガイドラインの原書では「病院患者および長期治療施設の高齢者・障害者図書館サービス・ガイドライン」という長いタイトルになっている。しかし，日本語訳ではわかりやすくするため，「IFLA病院患者図書館ガイドライン　2000」とした。

　さて，患者とは病気を持った市民である。患者図書館は市民権の行使の場でもあり，患者はそこで市民として自ら情報を得て判断するという主体性を維持できる。また，患者図書館は生涯学習・社会教育・学校教育・職業教育・情報バリアフリー支援の機関でもある。

<21世紀型病院患者図書館>

　患者はインフォームド・コンセント（十分な説明の後での同意）の前の段階で，自分の病気について勉強するための情報源として，またセカンド・オピニオン（担当医以外の意見）についての情報を入手するために図書館を利用することもできる。患者図書館は，治療法の自己決定の判断材料となりうる医療情報の収集と提供をも行う。このように，患者図書館は医療サービスの中身をより豊かにし，QOL（生命・生活の質）を向上させる機関でもある。

　21世紀の病院が，患者や家族や市民が医療情報を必要に応じて入手すること

を当たり前のこととして行う医療機関になることは，欧米の例から十分に予想できる。また地域の健康な人も気軽に訪れ，院内の患者図書館で本や資料を読み，健康維持や増進を図ることもできるであろう。さらに，病院は文化的欲求を満たす施設にもなり，医療に文化が取り入れられていくものと予想される。

　以上のことから，患者図書館は公共図書館の機能と専門図書館の機能を併せ持つ図書館と言えるであろう。

　日本では1990年代に入り，司書がボランティアの協力で患者への図書館サービスをする病院が増えてきた。今は過渡期であり，欧米でも病院内の図書館を患者用と職員用に分けているところが多いが，将来はこの区分がなくなり，文字通り一つの「病院図書館」となり，誰でも必要に応じて教育，文化，医療情報サービスを享受できる環境となるものと予想される。それを推進するのは情報技術（IT）と人々の心のバリアフリーであろう。

　患者図書館の運営は，1) 病院自身，2) 公共図書館の分館として，3) 公共図書館員の病院訪問による，4) ボランティア団体に委任する，そして，5) これらの組合せ，がある。いずれの方法においても，良質のサービスの構築をめざすべきであろう。日本では今後，一般向きに書かれた医学文献の絶対数の不足を解消し，患者が自分の病気を知った結果による失意や，混乱状態を支える体制の整備や，また資料選択上の問題については，病院内に委員会を設置し関係者（元患者など市民代表も含む）間で論じられることが必要であろう。

　当ガイドラインは上記のさまざまな問題に対応できるようなヒントに満ちており，またIT革命とインターネット時代における患者図書館サービスをも十分配慮している。経済大国日本にふさわしい患者図書館サービスの実現に，当ガイドラインは有効性大であると信じてやまない。関係者・団体の積極的な活用を望む次第である。

目次

刊行にあたって　3

「IFLA 病院患者図書館ガイドライン　2000」刊行の意味するもの：ガイドライン作成への参画と日本語訳を担当して（菊池佑）　4

作業部会委員と評価・助言委員名　12
謝辞　13
本文に入る前に：「病院図書館」の意味について　14

まえがき ……………………………………………………………………15
　1．改訂版の論理的根拠　15
　2．予備調査　15
　　2.1　最初の調査　15
　　2.2　結果分析と抽出　16

序論 …………………………………………………………………………18
　1．歴史　18
　　1.1　病院患者図書館の発展　18
　　1.2　IFLA と患者のための図書館　21
　　　1.2.1　IFLA の病院患者図書館委員会の起源　21
　　　1.2.2　IFLA の患者図書館に関する勧告　22
　2．第2版ガイドラインの特質　23
　　2.1　目的　23
　　2.2　具体的目標　23
　　2.3　範囲　23

2.4　想定　*23*
　　2.5　用語の定義　*24*

患者のための図書館 ……………………………………………………*26*

　総合的勧告
　1．利用者　*27*
　　1.1　利用者のいる場所　*27*
　　1.2　計画　*28*
　2．組織　*28*
　　2.1　専用の図書館　*29*
　　2.2　図書館サービス　*29*
　3．施設　*30*
　　3.1　位置　*30*
　　3.2　入口と環境　*31*
　　3.3　スペース　*31*
　　　3.3.1　利用状態　*31*
　　　3.3.2　収容能力　*31*
　　　3.3.3　割り当て，広さ　*32*
　　3.4　照明　*34*
　　3.5　家具と書架　*35*
　　　3.5.1　家具　*35*
　　　3.5.2　書架　*36*
　　3.6　備品・用品　*38*
　4．人員（図書館担当者）　*40*
　　4.1　規模と種類　*40*
　　4.2　資格　*41*
　　4.3　ボランティア　*42*

4.4　職制（職階）　42
　　4.5　継続教育と研修　43
5．予算　43
6．蔵書　45
7．プログラムとサービス　49
8．図書館のオートメーション化について　51
9．広報活動　54
10．外部資源　56
11．高齢者および障害者に対する配慮　58
　　11.1　高齢者　58
　　11.2　障害者　61

参考文献 …………………………………………………… 65
付録：歩行困難あるいは不可能の人のための必要スペース（見本図） …… 71
索引 ………………………………………………………… 79

IFLA 病院患者図書館ガイドライン　2000

作業部会委員名*

　　Nancy Panella　アメリカ，委員長
　　Ka-Jo Carlsen　ノルウェー
　　Peter Craddock　イギリス
　　Carme Mayol Fernandez　スペイン
　　Anne M. Galler　カナダ
　　Teresa Pages Gilibets　スペイン
　　Claudie Guerin　フランス
　　Brigitta Irvall　スウェーデン
　　Vibeke Lehmann　アメリカ
　　Gyda Skat Nielsen　デンマーク

評価・助言委員名

　　Diane Filayson　イギリス
　　Rivkah Frank　イスラエル
　　Paolo Gardois　イタリア
　　Yu Kikuchi（菊池　佑，日本病院患者図書館協会）
　　Marjory Taylor & Jane Goodrum　オーストラリア
　　M. Louisa Toran　スペイン

* 全員が国際図書館連盟（IFLA）ディスアドバンティジド・パーソンズ図書館分科会スタンディング・コミッティのメンバーである。

謝辞

作業部会は以下の人たちに感謝の意を表す：

1) Jean M. Clarke（イギリス）と『病院患者と地域の障害者図書館サービス・ガイドライン』（国際図書館連盟，1984）担当のワーキング・グループ。このガイドラインが今回の文書の中核を成している。
2) Geneviève Chavanis（フランス）とそのワーキング・グループは今回の改訂の基礎となった。
3) 当ガイドラインを査読し評価を加え，また多くの助言を提供した評価・助言委員。
4) 経験や考えを提供した世界中の図書館員。

作業部会は，ガイドライン作成に当たり援助し励ましてくれた故 Anne M. Galler 氏（カナダの Concordia 大学准教授）に深く感謝を申し上げたい。作業部会は彼女の英訳したドイツの『患者図書館ガイドライン』(*Richtlinien für Patientenbibliotheken*) を参考にすることによって，現状を新たな視点から考え，一国のサービスの理念を知ることができた。

本論に入る前に：「病院図書館」の意味について

　予備調査の過程で、作業部会は世界各地での病院図書館の概念の多様性に気づかされた。ある国では「病院図書館」の用語はほとんどいつも生物医学・保健科学図書館を意味し、また他の国では患者に娯楽書を提供する図書館のことを示していた。そしてさらに他の国では、「病院図書館」は生物医学図書館または「患者」図書館を意味し、患者図書館と同義では、娯楽書または健康情報を提供するところや、この両者を提供する場合もある。

　用語の曖昧さから、ガイドラインに「病院図書館」の使用を避けることを試みてはみたものの、患者図書館の歴史を辿ればそれは不可能であった。したがって、当ガイドラインで「病院図書館」の用語が出てきた場合には、娯楽書を定期的に提供し、時には医療情報文献をも併せて提供する患者のための図書館を意味する。

まえがき

1．改訂版の論理的根拠

　改訂版作業にとりかかる前に，作業部会は，1)患者図書館の特徴において世界の変化，2)その変化を見つけ把握するための通信問題，の2点について時間をかけて議論をした。

　第一の関心は，保健医療の世界的傾向，つまり入院期間短縮化の試みや病院の厳しい財政事情と，それに対する図書館の変化であった。

　フィールド・リサーチに続いて，作業部会は患者図書館の状況，つまり利用者，資源，制限，機会が多くの点で変化しているとはいえ，使命は不変であると認識した。つまり，患者ケアの支援において，図書館はできるかぎり広範な資料を提供するための努力を続けているということである。

　このことを念頭に置いて，作業部会はガイドラインの改訂作業を行った。指針の記述だけでなく，最新ガイドラインは患者図書館の業務やサービス内容の記述をし，また現場で働く人たちを支援する文書としても機能するものであると作業部会は認識した。ガイドラインは病院患者，高齢者，障害者に図書館サービスを既に行っている人たちにとってはもちろんのこと，これから始めようとする人，このサービスに正当性を与えようとする人，そしてまたこのサービスをさらに拡大する人にとっても非常に有用であると作業部会は信ずる。

2．予備調査

2.1　最初の調査

　この改訂版を作るに当たり，作業部会は最初にこの分野の情報をできるだけ多く収集することにした。まず作業部会は，1)自らの経験と，2)親機関である

委員会の経験，とを分けて記録した。結局，2つのグループはブルガリア，カナダ，キューバ，デンマーク，フランス，ノルウェー，ロシア，スペイン，イギリス，アメリカの国々で働く公共，生物，学術，専門図書館を代表していた。

次に，作業部会は文献検索を実施した。広範囲の索引子を用いて，MEDLINEやLibrary Literatureの情報索引を探し見つけ，必要に応じて翻訳し，また当改訂版に役立つと思われる記事ならその出版形態や文章の長短にかかわらず検討を行った。

文献評価と並行して，作業部会はインターネットで病院図書館員や公共図書館員だけでなく，患者や高齢者や障害者への図書館サービスにかかわっていた，あるいはかかわっていると思われる人たちにも情報提供を求めた。これらの作業は予想以上の成果となった。25か国から返事があり，大げさに言えば，最新情報の宝庫とも言えるほどであった。

次に，作業部会は文献やインターネットを通して，病院図書館の既存の勧告を多く読んだ。これらには，国立図書館が刊行した勧告，地域で使用される基準，現場で利用する原則・原理など多岐にわたっていた。

図書館の第一の利用者である患者の平均入院期間を知るために，作業部会は急性病治療の病院についての最新データもできるだけ多く集めた。この作業は容易ではなかった。世界の国ごとの情報収集は患者の形態が異なるので，それらの統計もそれぞれ別に作ることになった。いずれにしても，作業部会は少なくとも4大陸12か国からのデータを比較できた。結果は以下の通りである。

なお，作業部会は6か国6つの異なった専門分野で実際に仕事をしている図書館員たちに，このガイドラインについての評価とコメントを求めた。彼らの積極的な助力や提示や積極的な支援が最終文書を作成する上で大いに役立った。

2.2 結果分析と抽出

背景調査によれば，この分野では実に多様な実情が世界中で存在していることが判明した。それらには，1)娯楽書や健康情報それに広範なプログラムやサービスを行う高度な独自の患者図書館，2)娯楽書のみ提供する新設の独立した

患者図書館，3)公共図書館またはボランティア団体のような外部機関が行う既存の図書館サービスで，患者や施設にいる高齢者あるいは障害者に娯楽書提供などを行う，4)図書館以外の病院内の部門によって行われるブックカートだけのサービス，5)財政的困難のため図書館サービスがほとんど途絶えている所，6)地元，地域，国の図書館サービスがあり，最新技術を用いての患者への健康情報提供のネットワーク，がある。

　質問調査では，いくつかの国の精神病院と小児病院において，患者への図書館サービスが独自に継続して行われていることもわかった。いくつかの国では公共図書館が，老人ホームにも読書資料や図書館関連サービスを定期的に行っている。

　入院期間が短期間であることが多い急性病治療病院での患者への図書館サービスが引き続き必要であることに関して，作業部会は国によって入院期間が最短5.2日から最長の33.7日までと開きがあることを知った。入院期間に関するデータでは，病院には入院期間延長を必要とする患者が依然として存在することもわかった。小児科，整形外科，神経科，精神科，心臓病，伝染病，トラウマ，腫瘍などがそうである。

　図書館が関与する治療について，読書療法[1],[2]が患者治療の補助としての必要性を述べる文献が引き続き出ていることに対して作業部会は驚かなかった。さらに，音楽療法が患者治療，たとえば手術前後のリラクゼーションや苦痛緩和剤としての使用が増加傾向にあることも作業部会は知った。

　最後に，長期入院の代わりに「病院を拠点とする在宅ケア」に切り替えることが多くの国で見られるようになったが，このことは伝統的な図書館資料の支援を必要とする。つまり在宅での音楽療法，在宅中心の読書療法，そしてさらに最新の健康文献情報資料提供をも図書館は行うことになるであろう。

序論

1．歴史

1.1　病院患者図書館の発展

　概念と現実の双方において，図書館と患者のための図書館サービスは長い歴史を持つ。その成功は，本と読書は気晴らし，楽しみ，鼓舞，支援，高揚の機能により病人のリハビリテーションを促進することができるという一貫した認識に結びついてきた。

　治療の補助として本や読書の提供を始めたのは，少なくとも中世の後半にさかのぼる。特にヨーロッパで病院が急成長した時代，たとえば，治療薬の一つとしての患者図書館の必要性について熱心に説く，イギリスの医師ブルース・ブルース＝ポーターは，紀元1276年にエジプトのカイロにあるカリフ・アル・マンスール病院が，内科外科的治療の他に，希望する患者に昼夜をいとわず司祭がコーランを読み聞かせていたことを記している[4]。眠れない患者のためには音楽やお話を行っていた[5]。ブルース＝ポーターはこれを，癒しの計画における図書館の役割についての最初の考えであると見ている[6]。

　イングランド，フランス，ドイツ，スコットランドでは，精神病の治療に精神科医が読書を処方していたので，これらの国々では特に18～19世紀において，精神病院が患者のための図書館を経営していた[7]。一方，アメリカでは19世紀の前半までに精神病患者の読書は重要であると判断され，収容所や援護施設で組織された患者図書館を運営していた。実際，当時の図書館サービスは精神病患者の治療プログラムの重要な部分となっていた[8]。

　19世紀の後半までに，患者用図書の印刷目録を発行する精神病院や総合病院はめずらしくなかった[9]。19世紀末と20世紀初頭にかけて，患者図書館の価値を

信じて，実践家たちはこの分野の研究を行った。イギリスでは，1894年にドロシー・タイラーが約70の病院図書館サービスの調査を実施し，その結果をイギリス図書館協会年次全国大会（カーディフ，1895）で報告した。質問された医療スタッフのほとんどが患者ケアに本や読書が役立つことを信じて[10]，図書館資料を患者に提供するよう促していることがわかった。

ドイツでも研究が行われ，エルンスト・シュルツ (1907)[11]とイレーネ・クロムス (1913) の病院図書館サービスについてのより広範な評価がある。1911年には，アメリカのエディス・ジョーンズが121の精神病院での図書館サービスの調査結果を出版した（この調査結果によれば，最適条件を満たしておらず，彼女は州図書館協会に，閉じこめられた精神病患者のための図書館にもっと注意を向けるよう促した）[12]。

本と読書の治療的価値を強く信じる医師や図書館員の努力にもかかわらず，患者図書館，特に一般病院の患者図書館は，20世紀初頭は進展が遅々としていた。しかしながら，第一次世界大戦はいくつかの国での戦時下図書館サービスの成功をもたらし，患者図書館の発展への大きな契機となり，本や読書が安寧と回復に役立つという認識がより明確かつ広範になった。

戦時下図書館サービスは，組織的かつ集中的努力でもって，傷病兵や入院患者を含めて軍関係者に本や他の資料を提供した。戦時下図書館サービスのすべてについて文献で探すことはできないにしても，イギリスとアメリカでの活動は比較的詳しく記述されている。イギリスでは，戦時下図書館サービスは1914年に始まったが，それはロンドン図書館の図書館員を中心としたボランティア活動計画であった[13]。ヘレン・メアリー・ガスケルの総合指導の下に展開され，英国赤十字社の資金援助を受けた[14]。当初，この計画は病院と病院船にいる傷病兵に本を届けることであったが，1918年になると民間病院にもこのサービスが拡大していた[15]。同年，このサービスは本・雑誌・新聞の貸出しが合計200万にもなっていた[16]。

一方，アメリカでは1917年に戦時下図書館サービスが始まり，アメリカ図書館協会 (ALA) の指導の下に組織された。当初は，ALA は世界中の米軍キャン

プや基地に読書資料を提供していたが，1918年に病院や大陸横断病院列車にもそのサービスを拡大した。ALA は大規模病院の図書館に担当者として司書を配置し，一方，小規模の病院は地元の公共図書館員が患者図書館を管理することになった。1918年末には，この戦時下図書館サービスは3,918のサービスポイントに読書資料を提供していた[17]。このサービスの最盛期には170人以上の図書館員が病院図書館で働いていた。

両国において（そして少なくともドイツ[18]において），戦時下図書館サービスは成功したが，それは読書資料が軍事関係者に喜ばれたという積極的効果が見られたからである。

第一次世界大戦の軍事病院での患者図書館の治療的価値の大きさが一夜で現われたことについて，我々の誰かが個人的に記憶している。男だけの同質集団のほとんどが，読書資料によって気分転換やあるいはあるミステリアスな方法で心に栄養を与えられることで，辛さに容易に耐えたのである。このように，本は魂と体の薬であるという事実を大規模な形で認識したのは，古代都市テーべ以来初めてのことであった[19]。

イギリスでの戦時下図書館サービスは1919年に終わったが，入院患者への読書資料の価値を認識して，赤十字社と H.M. ガスケルはその後も図書館サービスを続けることにし，平和時には民間病院に図書館サービスを拡大した[20]。一方，第一次世界大戦後のアメリカでは，ALA は図書館用品や本を軍事関係に回し，公衆衛生サービス部門の病院で仕事を続けた。連邦政府はこれらの病院での図書館を管轄下に置いた。後にこれが在郷軍人局図書館[21]に発展したが，この図書館は今日では在郷軍人（VA）図書館として知られている。

このように，戦時下図書館サービスの成功により，第一次世界大戦直後の時代は患者図書館の設立が急増したが，このことは特にアメリカの文献の中で知ることができる[22]。しかし，この分野の発展ぶりはオーストラリア，チェコスロバキア，デンマーク，フランス，ドイツ，イギリス，ニュージーランド，ス

ペイン，スウェーデンでもしばしば報告されている[23]。

　患者のための図書館への広汎な関心は，やがて国内と国際の病院図書館委員会発足につながった。これらの仕事を述べるのは当ガイドラインの序論の範囲を逸脱することになることを承知の上で，初期については少なくともここで言及しておきたい。1916年にアメリカの委員会は，ALAによって設置され，「施設図書館委員会」と呼ばれた[24]。これは病院や慈善施設や矯正施設の図書館を代表していたが，1923年までに病院図書館の活動が他を圧倒するまでに発展したので，ALAは2つ目の委員会，つまり病院図書館だけを取り扱う「病院図書館委員会」を作らなければならなくなった（「施設図書館委員会」は病院を除く施設での図書館を取り扱う機関として存続した）[25]。ところが翌年の1924年に，ALA内に理由は不明だが「病院図書館ラウンドテーブル」と呼ばれる自主グループが生まれた[26]。同グループは「病院図書館委員会」よりも活発で，最初の「病院患者図書館のための専門図書館協会基準」を発行した。その後数年間は，「病院図書館委員会」と「病院図書館ラウンドテーブル」は類似の目標に向かって別々に行動した[27]。

1.2　IFLAと患者のための図書館
1.2.1　IFLAの病院図書館委員会の起源

　国際図書館連盟（IFLA）内での病院図書館委員会誕生への動きは，1930年のイギリス図書館協会第53回全国大会（ケンブリッジ）に遡る。同大会で初めて病院図書館の会議が開催され，デンマーク，ドイツ，イギリス，スウェーデン，アメリカの病院図書館とそのサービスが報告された[28]。参加者たちは急成長しているこの分野の団結を望み，患者図書館の国際団体の創設に向けて努力することで意見が一致した[29]。彼（女）らはまた図書館の目標，方法，成功についての情報を引き出すために，国際調査の必要性も認めた。

　この「ケンブリッジ提案」が，1932年に2つの患者図書館の小委員会誕生へと発展する。一つは国際病院協会の中に，もう一つはIFLAの中に設置された[30]。前者はどういう構成か，またその運命もはっきりしないが，IFLAの小委員会は

IFLAのチェルテンハムで開催された年次会議で正式に提案され，30か国からの会員を集めることを目的とした[31]。各国から2名が小委員会の席に座り，その内訳は1名はその国の図書館代表，他の1名は病院代表である。この委員会の仕事は1935年の12か国の会員制によって最終的に組織されるまで続き，このグループは「病院図書館小委員会」として正式に発足した。

　小委員会はその後，名称と地位を変えている[32]。1969年までは「病院の図書館小委員会」，1984年までは「病院患者・障害者図書館サービス委員会」，そして1990年代は「ディスアドバンティジド・パーソンズ図書館委員会」(Section of Libraries Serving Disadvantaged Persons, LSDP) の名称である (訳注1)。

1.2.2　IFLAの患者図書館に関する勧告

　1960年から1984年まで，IFLAは患者図書館についての勧告をいくつか公刊している。

　最初は，Mémoire indicateur sur les bibliothèques d'hôpitaux (*Libri*, vol.10 no.2, p.141-146)，あるいは英語版として Memorandum on hospital libraries; a shorter version (Hospital Abstracts, 1961/1963)。

　2番目は，IFLA Standards for Libraries in Hospitals (*UNESCO's Bulletin for Libraries*, vol.23 no.2, March/April, 1969, p.70-75)。

　3番目は，IFLA公共図書館分科会の *Standards for Public Libraries* (Verlag Dokumentation, 1973) のパラグラフ53～61に病院図書館の記述がある。委員会の守備範囲の広がりを反映して，この勧告には病院患者だけでなく，在宅者，視覚障害者，デイセンター，クラブ，老人ホーム，刑務所，拘置所なども含んでいる。

　最後は，1984年にIFLAが出版した *Guidelines for Libraries Serving Hospital Patients and Disabled People in the Community*。この版は上記の公共図書館基準よりもさらに拡大し，聴覚障害，知的障害，精神病，失語症，失読症，運動神経障害も含んでいる。ただし，刑務所・矯正施設は除外している。理由は，同委員会の新たな定義とその範囲に入らなくなったためである。

世界全体に適用できる基準を作成することは不可能であると認識し，1984年の文書は現場の図書館員の仕事と経験に基づいて，「指示的あるいは提案としての」ガイドラインを目的としている。このガイドラインは各国の図書館協会によって既になされた仕事を網羅的に集めて検討を加えたものである。

2．第2版ガイドラインの特質

2.1　目的

2000年版ガイドラインは欲求や資源の違い，各国の文化的，社会的，政治的な多様性により，世界統一の方法も計画も勧告することは不可能であることを認識している。したがって，このガイドラインは患者への図書館サービスの望ましい水準を示すことを目的とし，このサービスの本質を明確にするために利用できるように作られた。このガイドラインが図書館サービスのほとんどあらゆる状況に役立ち，またガイドラインに示されたサービスの実行可能性と適切さを各機関が自己決定するのにも役立つことを，作業部会は心から望んでいる。

2.2　具体的目標

1) 患者のための図書館および図書館サービスの設置の推進
2) 既存の図書館プログラムにおける優れたアイディアの支援
3) 長期医療施設にいる人たちにも図書館サービスの拡張をするように外部機関に対しての働きかけ

2.3　範囲

当ガイドラインは，あらゆる種類の医療施設にいるあらゆる年齢層の患者のための図書館および図書館サービスと，長期滞在施設，ホーム，その他の施設にいる高齢者や障害者にも適用される。

2.4　想定

このガイドラインは以下のことを想定している：

1) 本や他の図書館資料は，年齢，教育程度，社会的地位，身体あるいは精神的能力に関係なく，固有の価値を有する。
2) ユニークかつ個人的な方法で，本や他の図書館資料は情報，娯楽，鼓舞，反省，学習の機会を提供する。
3) 保健または他の医療施設に一時的あるいは一生涯いる人を含めて，いかなる社会にいる個人も自らの欲求と興味に合った本および図書館資料を利用する権利を有する。
4) 本，読書，図書館資料は身体的あるいは精神的病を持つ人の状態または回復に積極的な影響を与える。

2.5 用語の定義

急性病の治療：即時治療可能の損傷，疾病，健康問題に対して行われる短期治療

変換された媒体：本や他の読書資料の形態あるいは内容が，読者の特別の欲求に合わせて改作されたもの。たとえば，視覚障害者には大活字本，知的障害者には読みやすい本

読書補助具：障害者が通常の資料，用具，資源を利用するのを可能にする機器。たとえば，本を手で支えられない人のための電動式ページめくり機，視覚障害者のための点字キーボードなど

慢性病の治療：病気，障害あるいは他の健康問題や条件に対して継続的に行う治療

クリニック：このガイドラインでは，病院の外来のみを指す

コレクション：図書館所蔵資料

高齢者：p.58を見よ

病院：認定・認可された医療施設であり，あらゆる健康問題または状態を短期または長期にわたって治療する。しばしば特別の施設，たとえばリハビリテーション・センターも含む

病院図書館：病院内の図書館で特定の利用者にサービスする

長期治療施設：継続的に身体的，精神的，あるいは保護的その他の治療を行う，病院，ホーム，グループ施設も含むすべての施設

読書資料：このガイドラインでは，患者が利用する図書館資料

患者のための図書館

　以下のことは，患者のための図書館および図書館サービスの計画におけるガイドと考えられる。

使命
親機関の使命を理解した上で，できるだけ広範囲の図書館資料を患者に提供すること

具体的目的
1)　以下のことにより安寧と回復を助ける：
　　　各患者の欲求に応じて，気分転換，療法，文化，適切な教育や訓練の手段を提供することに役立つ図書館資料を収集し，サービスを組織し維持すること
　　　必要に応じて，健康や安寧に関する情報や，特定の疾患や障害あるいは他の健康問題（病因学，診断法，予後，治療を含む）に関する情報を提供すること
2)　院内の他の部門の患者サービスとの協力をしながら仕事をすること
3)　理解を深めること
　　　図書館資料は，患者が病院という見知らぬ環境での当惑に対する数少ない補償手段の一つであること
　　　読書は施設入所者にとっては，しばしば，数少ない，そして多分最も維持可能なレクリエーションの一つであること
4)　全人的医療の概念からも，図書館または図書館サービスは長期，短期を問わず医療施設の基本的な部分であるという認識を深めること

総合的勧告

以下の勧告はサービスの理想的な水準を示す。この勧告は各施設の必要性や，利用できる資源に応じて，選択的に使用でき，また使用されるべきである。

1．利用者

1.1　利用者のいる場所

　図書館の利用者は通常，1)入院患者または施設入所者，2)家族である。その他に利用者には，3)外来患者，4)入院前や退院後の患者，5)在宅医療を受けている患者，さらに6)病院職員も含めることができる。

　入院患者や施設入所者は図書館をさまざまな理由から利用するが，家族や外来患者，入院前や退院後の患者，そして共同体で治療を受けている人たちは，健康医療情報を主に求めるかもしれない。しかしながら，これらの資料を提供する方法は国により異なり，また同国内でさえもまちまちである。たとえば，病院の健康科学図書館は入院患者に健康医療情報文献を提供し，地元の公共図書館は外来患者と地域住民の欲求を満たすという例がある。また健康科学図書館が，入院患者だけでなく外来患者と地域住民にもサービスする例もある。他の例としては，親機関内のある部門またはサービスが健康情報資料の第一提供者となることもある。さらに他の例として，患者図書館それ自体が健康医療情報文献提供の責任者となることもある。

　どのような方法を採るにしても，現場の条件が決定要因となるであろう。

　図書館を病院職員が利用することについては，たとえ個人的利用であっても，患者との相互作用の継続は重要である。というのは，職員は患者に提供される資料やサービスを見る機会を持つことができるからである。さらに，職員は治療行為から離れて，ある種の社交的環境で患者と会い話し合うことができ，こ

れによって彼らの洞察力を高め，また人間関係を強化する可能性を持つ。

1.2 計画

　入院患者または施設入所者は図書館の第一利用者であるので，図書館サービスの計画はこのグループを中心に作るべきである。いずれにせよ，彼らは年齢層が実に幅広く，また経済，社会，文化，民族，そして教育的背景もまた多様であるので社会の縮図と言える。しかしながら，病気または障害から派生する問題はすべての患者にとって共通である；集中力低下，虚弱，疲れやすさ，うつ状態，身体動作の制限，握力や操作の困難；正常以下の呼吸と呼吸能力低下；視力または聴力障害；そして高齢や慢性病が原因による力や俊敏さ，動作，身体バランス，視力や聴力の低下，がある。

　治療的機関としての図書館の役割は，患者の種類に応じて，患者が自分の病気から気をそらして積極的な入院生活を送れるよう援助することにある。つまり図書館は，癒しを推進するということを考慮しなければならない。癒しよりもケアが目標の場合は，図書館は少なくとも，新しい療法と展望を提供する。無力感や依存心を排除することでも図書館は手助けでき，また図書館は教えることや情報提供もできる。

　ドイツ図書館学研究所の『患者図書館ガイドライン』は，「いかなる入院も患者にとっては情緒的な重圧感であり，患者の心理状態に影響を与える。これはプライバシーや馴れ親しんだ環境，そしてさらに日常生活の社会関係が突然失われた結果である」[33]，「図書館は本やメディアの提供という個人的かかわりによって，患者がリラックスし精神的重荷を降ろす手助けをし，結局，回復の促進に役立つのである」[34]と述べている。

2．組織

　図書館資料とサービスは多くの方法で患者に提供できる。一般的なのは医療機関内にある専用の図書館施設を通して行うことと，外部機関からの図書館サービスの提供である。

2.1 専用の図書館

以下は現場の施設が組織する方法の例である。
1) 親機関（病院）が全面的に支える図書館。この場合，親機関が図書館を運営し，スペース，図書館職員，用品，蔵書，プログラムの費用を持つ。
2) 親機関と外部機関，つまり地元または地域の公共図書館との共同経営。この方式では，コストを分担する。たとえば，親機関は図書館スペースと用品とボランティアを提供し，一方，外部機関は図書館資料，プログラム，サービスと司書を提供する。どんな方法でも，親機関と外部機関はお互いの目的，責任，期待と限界を記した契約書を作成し署名すべきである。
3) 地元の公共図書館の分館としての図書館
4) ボランティア団体が設置し維持する図書館

なお，3)と4)においては，スペースやその維持管理や用品を除いて，担当する機関（公共図書館またはボランティア）はすべての運営コストを引き受ける。

予算の出所に関係なく，図書館は親機関の中の独立部門として設立され運営されるべきである。図書館は医療施設の組織図に入り，専任の職員と予算を持つべきである。ただし，予算が外部機関から出ている場合には，図書館スペースは親機関に委ねられ，使用期間について相互協定が必要である。

2.2 図書館サービス

病院が図書館を単独で運営できない場合には，地元の公共図書館と協定すべきである。地域図書館や国立図書館が，患者に図書館資料とサービスを定期的に提供できる国もあるかもしれない。このやり方が無理な場合には，親機関が技術と資源を持つボランティアに助力を求めて，図書館サービスを開始し維持していくべきである（患者への図書館サービスの最初の契機は外部機関からもたらされることがある。この場合，親機関は協力と資源提供を約束すべきである）。

親機関と外部の図書館（または機関）は，図書館サービスを支えるために協

力すべきである：親機関は担当職員を提供し，外部機関は職員研修を引き受ける；親機関は蔵書を揃え，外部機関は本の廃棄や入れ替えを担当する；親機関は視聴覚機器や読書補助具のような高価な物品の支払いをし，外部機関は特別の資料も含めて活字本，非活字本（変換された媒体）を提供する。

いずれの場合でも，両者はお互いの目的，具体的目標，業務について明記した同意書を取り交わすべきである。この同意書には図書館サービスについて，1)割り当てられたスペースの中で続けられること，あるいは2)十分なスペースの中で，あるいは3)使用期間についての双方の合意について明記すべきである。

最後に，親機関は図書館サービスの連絡調整役として上級管理スタッフを置くことが重要である。ハイレベルの監督と内部支援システムの統制がなければ，このサービスは不安定になり，あげくの果てには崩壊さえするかもしれない。

3．施設

3.1 位置

すべての利用者を考慮して，図書館は病院の中央部に位置すべきである。病棟から来館に便利な場所であり，外来患者や病院職員，病院訪問者の往来する範囲内にあること。これが難しい場合には，親機関は図書館の所在を示すための方法として，目を引く大きな案内を建物の主な箇所に設置すべきである。

病院以外の外部機関からの図書館サービスを提供される場合には，病院は家具・備品*を用意し，蔵書の近くに専用の鍵のかかる保管スペースを作るべきである。蔵書の入れ替えを容易にするために，この保管スペースはできれば運送用入口や病棟にアクセスしやすい場所にすべきである。さらに，視聴覚機器やブックカート，読書補助具，事務用品，その他の必要な大型物品など用具・用品を収納するスペースも確保すべきである。現場の事情によっては，特定の病棟に必要とする本を置く保管場所も必要となるかもしれない。

* 備品には書架，デスク，作業テーブル，その他の物品が含まれる。

3.2 入口と環境

　図書館の入口は敷居や段差がなく，車椅子や移動ベッドの往来ができるように十分な幅であること（車椅子や移動ベッドの平均的な大きさについては付録を見よ）。また図書館の存在がわかり，かつ入りやすくするために，全面あるいは半ガラスドアにすることを考慮すべきである；しかし，このような場合には，視覚障害者がガラスにぶつからないようマークを付けるべきである。

　入口のドアは開けやすくすべきである。それにはプッシュボタン式，スライディング式，あるいは自動ドアがよい。ドアは必要に応じて，あるいは許されるならば，普段開放しておくための止め金の付属品が必要である。本の返却ボックス，お知らせを貼る掲示板，目安箱（意見箱）などは，すべて図書館のドア付近の外に設置すれば，図書館職員と利用者の双方にとって有用となるであろう。

　図書館は温かく歓迎的雰囲気を醸し出すようにするために，あらゆる努力を惜しんではならない。センスのよい友好的な図書館員がいるだけで図書館は温かく歓迎的環境になるが，その他に観葉植物，花，絵画やポスター，定期的に行う展示，季節ごとの飾り付け，そして図書館資料の一部の展示もまた，図書館内の雰囲気を効果的にする。

3.3 スペース

3.3.1 利用状態

　図書館スペースは決して他の部門と兼用で使用しないこと。図書館の使命に基づけば，図書館は静かであり，比較的平和的な環境にすることが必要である。もし他の部門の仕事場として図書館スペースを使用すれば，この環境は乱されることになる。

3.3.2 収容能力

　図書館は個人と団体の双方の座席が必要である；団体の座席は，グループ・プログラムが定期的に行われる長期入院施設では特に重要である。

短期入院施設の図書館は入院患者人口の5％，あるいはできるならば10％の座席数が必要である。もしも図書館が家族や外来患者や地域住民にも利用されるならば，座席必要数はさらに増える。

　長期入院施設では，座席数は入院患者人口の15％であるが，できるなら20％にすべきである。

　患者図書館の必要座席の計画において，歩行困難や歩行不可能の患者は，歩行可能な患者よりも広いスペースを必要とすることを忘れてはならない（平均的スペースについては付録を見よ）。身体障害を持つ患者の比率が高い長期入院施設では，この考えが特に重要である。

　結局，全スペースは最小基準にとらわれずに準備することであり，結果としてすべての利用者が安心して気持ちよく利用できる施設であればよい。

3.3.3　割り当て，広さ

　スペースの割り当ては施設の規模，利用者，図書館運営の目的，プログラムやサービスによって決まる。この枠内で以下のことが考えられる：

1) 読書・学習エリア

　　図書館の入口，情報・貸出デスク，音を発する場所や活動の場所から離れた静かなエリアにすべきである。ここは快適で，できるならば自然光が入る場所にすべきである。

　　読書エリアは各々の最小スペースを2.5㎡とし，学習エリアは各々の最小スペースは4㎡である。

　　前述した通り，図書館利用者に歩行困難者がかなりの人数含まれる場合には，最小スペースはさらに広くなる。

2) 視聴覚エリア

　　この場所では，患者はヘッドホンを使用して，スライドやオーディオ，ビデオテープ，CDのような視聴覚資料を利用する。このエリアはコレクションの中の視聴覚ソフトウェアの種類に応じて計画されるべきである：大型テープ，長時間テープ，大型キャレルはそれらに対応したハードウェア

（機器）の置き場所も必要となってくる。このセクションは電源コードの差し込み口が必要である。また，利用者がヘッドホンの耳あて部分を拭くことができるように，アルコール綿棒のような消毒用具も準備されるべきである。各人に4 m²のスペースが必要である。

3) コンピュータ・セクション

　図書館員が利用者にすぐに助力できる場所の中で，コンピュータ・セクションは最良の場所にする。各コンピュータ・セクションには文書による使用マニュアルを置くべきである。それぞれには利用者に便利なように，紙やその他のものを補助として備えておくべきである。また各コンピュータにはプリンターも接続するべきである（3.6のパーソナル・コンピュータも見よ）。

4) 情報・貸出セクション

　このセクションには，入口も含めて図書館のほぼ全体を見渡せるような場所に情報・貸出デスクを置くべきである。図書館の規模に関係なく，2人の職員用デスクを置く。

　レファレンス・エリアは，カードや本，コンピュータで作成された電子目録や一般参考資料（百科事典，辞書，名簿・住所録，地図など）を収納するデスクの近くにする。

5) 身体障害者用トイレ

　可能ならば，トイレは図書館内に設置すること。さもなければ，図書館の入口付近に設置すること。

6) 社交エリア

　長期入院施設では短期入院施設と異なり，社交の機会がより多くなる。患者図書館は地域社会にある通常の資源と共通の活動を担っているので，社会的機能を持つべきであると認識すれば，社交エリアも必要である。

7) 子どもセクション

　図書館は小児患者だけでなく，患者の家族・親戚の面会に同伴する子どものためのスペースも忘れてはならない。このスペースの大きさや配置は，

利用する子どもと提供される資料と活動の種類（映画会，人形劇，お話会，ピエロの訪問など）によって異なる。図書館内のスペースが子どもの授業に使用されることもあり，この場合には入院と通常の学業の橋渡しをすることになる。

8) 事務室，作業と収納エリア
   (1) 事務室：事務管理や，会議や相談のために専用の事務室が必要である。
   (2) 作業室：流し台，冷水・温水の出る水道，作業テーブル，ファイリング・キャビネット，棚を備えた作業室は，荷ほどきや資料の整理作業のために必要である。
   (3) 第三の室：図書館用品や用具，読書補助具やブックカートを収納する部屋も必要である。

事務室，作業室，倉庫の数と面積は図書館の規模や職員数，活動範囲によって異なる。通常は，事務スペースは職員1人につき12㎡必要である。

9) ラウンジ施設
   ボランティアに大きく依存する図書館では，ボランティア（あるいは図書館員と共用）ラウンジとして，事務室の近くに1部屋用意することも必要かもしれない。その部屋にはテーブル1台，快適な椅子，台所用品を置くことによって，図書館側の感謝を示すことにもなる。

3.4 照明

できるかぎり自然光を使用すべきであり，読書や棚のエリアでは特に直射日光はまぶしいので避けることに注意を払うべきである。もしこれらのエリアで直射日光が避けられない場合には，窓にブラインドを取り付けるべきである。

快適かつ適切な人工照明は，自然光を補うものとして設置されるべきである。自然光が不十分の場合や，図書館が夕方も開館している時には，十分な人工照明が必要である（3.5.1も見よ）。

もし，床に設置されている独立の書架の場合には，十分な照明が書架と書架の間の通路の真上に設置されるべきである。

3.5 家具と書架
3.5.1 家具
　図書館用の家具には利用者の必要性に基づいて選ばれるものが含まれるが，すべての家具は親機関の安全，サービス，維持の仕様に合わせて行われるべきである。その他には以下のことが指針となるであろう：

1) テーブル

　　患者と一口に言っても必要性はさまざまであるので，テーブルの統一した高さを勧告することは難しい。たとえば，車椅子の患者は歩行できる患者に適したものよりも高いテーブルを必要とする（必要なテーブルの高さについては付録を見よ）。当然ながら，子どもは平均よりも低いテーブルを必要とする。

　　利用者の必要性が大きく異なることを考えれば，図書館用品専門の会社のカタログや障害者のための仕様や最新の型を見て検討した方がよい。

　　すべてのテーブルは作りがしっかりし，人体の重さにも十分に耐えて傾かないものにすべきである。

2) ランプ（電灯）

　　電灯は快適で家庭的な環境を作り出し，通常の頭上照明の補助物として使用価値がある。テーブルランプが装飾的補助的照明として使用される場合には，転倒しないようにしっかりとボルトで留めるか，半永久的に固定しておくべきである。ランプワイヤー（配線コード）は，人がつまずかないように危険防止策をきちんと講ずるべきである（3.4も見よ）。

3) 椅子

　　椅子は快適で，歓迎的で，耐久性があり，安全であること。椅子は体の弱い人や障害者が座っても，特別の負担を吸収してしまうほどの安定性の優れたものにすべきである。一般的には，椅子は立ち上がりやすいように肘かけ椅子にすべきである。車椅子の患者が車椅子から容易に移動できるように，また体の弱い人や不安定な人が簡単に座り立てるように，通常よりも少し高めのものにすべきである。

もしできるなら，読書エリアには小さなコーヒー・テーブルまたはエンドテーブルの周りに，グループ用の居心地のよい椅子を配置すべきである。肘掛と背が付き，詰め物をした座席の垂直椅子は学習エリアや雑誌エリアでは有用であり，家族や友人を待つ患者のために，図書館の入口に何台か置けば役に立つであろう。

もし布（革）張り椅子を使用するならば，消毒剤で清拭しやすい材質からできている椅子を選ぶべきである。

4) フローリング（床）

患者図書館に適したフローリングはいろいろあり，リノリウム，コンポジション・タイル（しばしば VAT と呼ばれる）やビニール・タイルなどがある。病院や他の医療施設では感染防止措置を第一に考えているので，いずれを使用するにしても洗いやすいことである。

疲労しにくく全体的に快適なリノリウムの場合，通常はその底に薄いクッションが施されたものを選んだ方がよい。さらに，その縫い目は縫いつけるのではなく熱処理で行われるので，床に沁み出る危険性はなく完全に洗い消毒できる。リノリウムもまた，機械によるクリーニングや磨きの繰り返しによく耐える。

子どもエリアには装飾を施したラバーマットの使用も一考に値する。光沢のある硬いラバーは，通常は縫い目がない状態で多くの色が使用される。子どもが座るクッションは容易に消毒できるものを選ぶべきである。

バクテリアやアレルゲンを発生しやすく，また定期的に消毒を行うことが難しいカーペットは避けるべきである。

3.5.2　書架

可能ならば，車椅子や移動ベッドの患者や，歩行器や杖をついて図書館に来る患者が利用しやすいように，蔵書の主たる部分は壁面書架に収納すべきである。壁面書架と隣接家具との間隔は，患者が安全に動けるように十分に取る必要がある。

もしも書架を床に置かなければならない場合は，歩行不可能者も歩行可能者もお互いに通行できるよう，書架間の通路は160cm（5フィート）幅にすべきである。図書館利用者は身体を折り曲げることや，また手を伸ばすのに制限があるので，棚数は平均5段で，書架の高さは160cmにし，最下段は床から少なくとも20cmにする(付録の図を見よ)。立つことはできても身体的に不自由な患者が本を置いて開いて見る場所として，書棚の4分の1を開けておくべきである。

　図書館資料の形態（本，雑誌，新聞，視聴覚資料，特別なもの）とスペースと予算によって使用される書架の種類が決まる。しかし，以下のことは大いに参考になるであろう：

1) 本を並べるためには，調節のきく頑丈な木製あるいは金属の本棚が最も実際的である。一般に，一段が90cm幅の棚は，フィクションやノンフィクションの本7冊，レファレンス・ブック6冊，医学書5冊が納まるか，フィクションやノンフィクションの本が30冊納まる。

2) パンフレットなど小冊子は，壁に埋め込みの棚またはテーブル式雑誌架に置くか，あるいは中ぐらいの高さの回転式フロアスタンドに並べておけば利用しやすい。なお，回転式はペーパーバックの本を置くのにも適している。

3) 新聞は各号（発行日）を棒で押さえる方式で，低位置の壁埋め込み棚か，あるいは広いブラウジング・テーブルの上に並べる。

4) 雑誌を並べるには多くのやり方がある。有効なものの一つに，最新号が縦に順に並ぶ棚で，その棚の陰にはバックナンバーを収納するスペースがあり，それらを見る場合には手で棚を持ち上げる方式がある。規格はずれの大型資料や点字本のような特別の資料は，専用の収納棚が必要である。図書館用品製作・販売会社のカタログが貴重な情報源になるであろう。

5) レファレンス資料の収納についても，病人や障害者の身体的不自由に配慮すべきである。たとえば，カード・カタログは抽き出しが縦に重なっているよりも最高3段までのむしろ横に並ぶ抽き出しで，最下部が床から65cmの高さの脚（オープン・サポート）付きにすべきである。カード・カタ

ログ（あるいはブック・カタログ）は，車椅子がテーブルの下に入ることが可能になるほど十分に高い4脚テーブルの上に置くだけでもよい。

　コンピュータ作成の電子目録は，車椅子に座っている人にも立っている人にも使いやすいものである。前者には75～80cmの台脚を，後者には90cmの台脚がそれぞれ必要である。このカタログは車椅子が下に入り込めるほど十分に高い脚を持つ通常のテーブルの上に置いてもよい。この場合，できるならプリンターを接続する。もしそれができないなら，メモをするのに十分なスペースを用意することである。

6) 視聴覚資料は塵埃，熱，磁気を避ける場所に保管する。理想的には一定の温度と湿度を保つべきである。製作会社の最新カタログがメディアの適切な収納方法の最良のガイドになり，また多数のAV資料を持つ機関は，温度と湿度についての最新の最適条件についての助言をしてくれる。

3.6 備品・用品

　予算，仕事の範囲，図書館職員，利用者によって次の備品が必要と考えられる。

1) 電話は図書館職員のために必要であるが，その他に少なくとも1台は患者のために必要である。場合によっては，聴覚障害者や言語障害者のために改良した機器にすべきである（訳注2）。

2) コピー機は図書館の仕事用だけでなく，本や雑誌の一部をコピーするために必要である。これは健康医療情報文献をコピーする時には特に必要である。

3) ファックスはオフィスの必需品であり，図書館が図書館間相互貸借制度の下に文献の送受をする場合はなおさらである。またファックスは，組織内部のコミュニケーションの高度に有効な代替方法でもある。

4) ブックカートはいくつかの大きさのものがある。(1)小型は配架作業や，その他の図書館メンテナンス機能として，(2)軽量で大型のものは資料を病棟に運ぶために（患者がベッドサイドから本を見やすいように傾斜した棚

付き），(3)大型ブックカートは外来，待合室や他の場所に資料を乗せていくもので，できるなら，特に大型本を運ぶ時には電動式カートが考慮されるべきである（訳注3）。

　病院独自に行うのではなく外部の図書館からサービスを受けている場合は，本の所蔵場所から患者の病棟に本を搬送するために，親機関は十分な数量の収容能力の大きいブックカート（できれば電動式）を用意すべきである。

5) 椅子。回転式と固定式を用意する。
6) パソコンまたはタイプライターは文書作成に必要であるが，どちらを選ぶかは習慣と好みによる。現場の事情によっては，タイプライターは患者用として用意しておく。多くの成人や高齢者はタイプライターで文章作成するのを好むので，少なくとも長期入院施設では必要かもしれない。

　パソコンは親機関のネットワークに接続され，信頼できる健康医療情報が施設内からオンラインで得られるだけでなく，より広範なインターネットからも得られるので，インターネットも利用できるようにすべきである。障害を持つ患者のための補助機器のついているパソコンを，少なくとも1台は用意すべきである。すべてのパソコンにはプリンターを接続し，フロッピーやCDあるいはDVDドライブが付いていることが必要である。

　親機関の「情報サービス部門」は，院内ネットワークとインターネット接続をすることによって頼りになる。たとえば，ネットワーク・セキュリティでは，当部門からの助力は義務づけられるであろう。インフォメーション・サービス部門は，患者が図書館のコンピュータを使って電子メールを送受信できるようにすべきである。特に仕事を持っている患者や，家族や友人が遠隔地にいる患者はなおさらである。

7) ノート型パソコンは寝たきりの患者がインターネット上で仕事ができ，あるいは家族や友人との通信もできるとても便利な機器である。
8) 福祉介助機器は，多数の障害者がいる施設では用意すべきである。これらの機器は，図書館の目録や主な資源が電子形態でのみ利用できる場合に

は，障害者にとって特に重要となる。販売情報や製造カタログを，インターネットで入手できる場合は，学術団体や他の機関，組織，複数の障害を扱う協会のホームページと同様に，この分野の最新の動きを把握するのに助けとなる。

9) 院内外に接続した字幕付きのテレビは，患者のために用意すべきである。テレビで電子メールを送受信できる国では，テレビは追加機器として必要である。

10) 図書館の視聴覚資料を使用するためのハードウェア（機器）は，自由に利用できるべきである。これらには，ヘッドホンまたは他の機器，録音図書再生装置，読書器，オーディオ／ビデオ・カセットプレーヤー，CDやDVDプレーヤー（ほとんどのDVDプレーヤーはCDも使用できる），テープレコーダーが含まれる（訳注4）。

4．人員（図書館担当者）

4.1 規模と種類

人員規模とその構成は現場の条件によって決まる。1)親機関の規模と種類，2)図書館または図書館サービスを受ける利用者の人数と種類，3)提供する資料，プログラム，サービス。いずれにしても，必要人員を検討する時には，患者，特に高齢者や障害者への図書館サービスは人手がかかることを認識する必要がある：

1) 定期的にベッドサイド・サービスを必要とする，歩行不可の患者が多数いるか
2) 来館できる患者の多くは，障害または他の制限を持ち介助を必要としているかどうか
3) 病人または身体の不自由な患者は，通常は視聴覚資料や補助機器の利用度が高いが，その場合は専門資格を有する職員が必要である
4) 価値があるとは言え，読書療法的評価は非常に時間がかかる
5) 医療チームの一員として，図書館職員は他部門とそのサービスとの親和

関係を維持する時間を作り，施設での運営会議に出席しまた管理職と定期的に話し合わねばならない

いかなる図書館または図書館サービスも，十分に行われるにはそれ相応の人数の専門家に依存する。以下の職員の種類が考慮されるべきである：
1) 1人以上の図書館司書
2) 1人以上の司書補助（アシスタント）
3) 技術員（視聴覚資料や補助機器やコンピュータを取り扱う専門家）
4) 事務員

病院独自で運営する図書館または外部からの図書館サービスを受ける場合には，必要な訓練を受けた図書館司書が管理運営を行うべきである。

フルタイムの司書を雇うのが不可能な場合には，親機関は全体の管理指導者としての図書館コンサルタント（図書館司書）を採用すべきである。理想を言えば，この図書館コンサルタントは地域と地域の読書傾向をよく知る公共図書館員にすべきである。また，親機関は司書を他の病院と共同採用することも考慮すべきである（1人の司書が2つの病院を兼務）。その場合，司書は地元出身かまたは地元に詳しい人であるべきである。

いずれにしても，図書館の補助要員である司書補，技術員，事務員は，図書館司書の専門的指導がなければ有効に機能しないであろう。

4.2 資格

管理指導担当の図書館司書は，以下の能力を持つべきである：
1) 図書館管理を含む図書館学全般の知識を持つ
2) 組織と計画の能力
3) 図書館資料とサービスが医療に貢献できる手段であるという強い意識と自覚
4) 病人，高齢者，障害者の問題と図書館への欲求についての認識

5) 医学，心理，精神医学用語の基本的知識
6) 医療サービスにおける図書館の役割を効果的に定義づける能力を含めて，明確な発言と文章化できる能力
7) 適切な判断力と柔軟性

各々の図書館職員は図書館の仕事，病人や高齢者や障害者の図書館に対する欲求についての基本的知識を持っているべきである。図書館職員はまた，図書館がコンピュータを基本にしたプログラム提供やインターネット資源へのアクセスをするならば，ある程度の専門知識を持つべきである。

患者に直接接する図書館職員は以下の能力を持つべきである：
1) 利用者が子どもであれ，精神の病または身体の病であれ，高齢者または障害者であれ，彼らの問題と欲求を完全に理解すること
2) 利用者に近づきやすい感じを与える
3) 忍耐，理解，共感
4) 傾聴する能力

4.3 ボランティア

図書館の仕事のほとんどの分野で，ボランティアは大きな助力資源となりうる。個人の能力に応じて，また注意深い訓練によっては，1)貸出デスクの担当，2)基本的なレファレンスや情報提供，3)病室のベッドサイドでの貸出，4)図書館の相互貸借，5)資料の一部廃棄，6)統計作業，7)カードファイル作業，8)新資料の受入業務，8)製本準備作業，ができる。

ボランティアの助力が適している場合，人員補充は病院のボランティア部だけでなく，外部の機関（ボランティア団体も含む）からも行うべきである。

4.4 職制（職階）

図書館は，すべての図書館職員とボランティアのための「事務処理要領」を

持つべきである(ボランティアの場合は，概括的な要領)。図書館が独立の部門である場合には，事務処理要領を持つことが義務づけられるであろう。

図書館事務処理要領を補う「親機関の方針」と「業務マニュアル」は，図書館職員とボランティアが常に参照できるようにすべきである。

4.5 継続教育と研修

職員とボランティアの継続教育が可能になるよう，あらゆる努力がなされるべきである：図書館サービスの分野は常に変化しているので，新しい技術や資源や方法を学ばなければならない。

小児や高齢者や障害者にサービスする場合，これらの利用者への接客技術も常に発展しているので，担当者の継続教育は重要である。

継続教育と研修の種類は以下の通り：

1) 親機関内での現場研修プログラム
2) 地元の図書館または図書館コンソーシアム（ネットワーク）が行うワークショップ
3) 図書館専門の協会主催の研修コース
4) 他の患者図書館の見学
5) さまざまな機関またはグループが行うセミナー
6) 図書館学校や電子あるいは郵送による遠隔教育

研修制度がない場合でも，図書館に関する専門書や雑誌，図書館用品製作会社や販売会社のカタログに目を通すことで大いに研修になる。

5．予算

患者図書館は十分な予算を持つべきである：給料，活字・非活字の本から成る資料，必要ならば補助機器，その他の備品，用品，技術的運営費，プログラム，図書館間相互貸借，ネットワークや研究会の会費。

図書館が外部機関との協力協定によって運営される場合は，これらの費用は

分担される。しかし，財政的に厳しい多くの病院，長期入院施設，公共図書館では，図書館運営費をできるだけ低く抑えるであろう。図書館の存続は費用抑制の枠内で可能となる場合もある。また図書館の存続は，図書館職員のコスト意識に一部依存することもある。

　費用は次の方法で最小限に抑えることができるであろう：1)ルーティンワークの量を減らす，2)ペーパーワークを必要最小限にする，3)オートメーションの一部分を外部委託化，4)協定による共同目録，5)共同技術サービスなどへの参加，6)有資格者の削減，兼任，親機関内の他部門の職員を採用。

　長期間にわたる費用効果を達成するために，主任司書はコスト意識や柔軟な思考と，より新しくかつ有効な方法を試みるほどの十分な創造性を持ち続けなければならない。主任司書はまた，図書館プログラムにおいて何が重要なサービスで何を軽減あるいは廃止するかを絶えず検討すべきである。

　外部機関によるサービスの場合には，費用ははるかに少なくて済むであろう：少ない職員，少ない備品コスト，最小のスペース，少ない用品の種類とそのコスト，親機関の全般的費用の軽い負担。

　しかしながら，専用の図書館あるいは図書館サービスでは，職員と蔵書は経常費として必要である。この場合，以下の指針が役に立つ：

1) 図書館職員の給料は，公共または他の図書館の同等の地位に相当すべきである
2) 基底図書費は1ベッド当たりの必要冊数*×ベッド数×平均単価で計算する。既存の蔵書を維持するためには，蔵書の10%から15%を年間新本購入費とする。たとえば，10%の場合，蔵書3,000冊の図書館では300冊を年間新規購入する（年間予算は1冊の本代の300倍となる）。

　　視聴覚資料や補助機器が多く必要な図書館では，前述の公式による算出額より割り増しすべきである。

＊注：通常は1ベッド当たり6～8冊である。セクション6を見よ。

6．蔵書

　患者図書館においてバランスのとれた蔵書構成にすべき理論的根拠は，ドイツ図書館学研究所の『患者図書館ガイドライン』の中で次のように述べられている。「病気は，収入，所有，教育，年齢，国籍に関しては有利も不利もない社会的現象の一つである。つまり患者は社会の縮図である。」[35]

　他のいかなる図書館でもやっていることであるが，患者図書館の蔵書も利用者の欲求や好みを中心にして計画されるべきである。利用者を定義づけるだけでなく，利用者の欲求と好みをも討議して蔵書構成の方針を作ることである。さらに，この方針には利用者に適した資料の種類と形態を明記し，また寄贈や廃棄の問題についても触れるべきである。

　資料選択にはいくつかの注意すべき点がある：
1) すべての資料は良好な状態で保管されるべきである
2) すべての資料は質を高く保つべきである
3) できるならば，本は軽く扱いやすいこと
4) 視覚障害の患者も，ある比率で利用すると想定し，行間が広い大活字本や，必要ならばテープ，CD，点字のような変換された媒体のものも揃えるべきである
5) ノンフィクションや健康情報資料は内容が最新で信頼性の高いものを揃え，非活字媒体のものも一定の比率で含めるべきである

　一般に，蔵書は活字と非活字の形態で，娯楽書と健康情報文献から構成される：
1) 印刷形態の娯楽書・資料には，ハードカバーとペーパーバックの本，雑誌，地元や地域や全国版の新聞，2か国語または外国語の資料，視覚障害者用として点字[36]，手で触る本，知的障害者向けの読みやすい資料[37]，読書不慣れまたは遅い人のための本，読書レベルが1から3までに作られた

ドアステップ本，絵本や人気ある物語の副本を含む幅広い年齢層の子どもの本[38]。

　長期入院施設では，グループ活動で知識と経験を分かち合うのに適したおもしろい本も揃えるべきである。

　フィクションとノンフィクションのバランスも重要である。フィクションには，ベストセラー，古典，軽い読み物，冒険や恋愛やミステリーなどの現実逃避の本を入れるべきである。ノンフィクションには，伝記，料理や旅行や趣味，自習用の本，たとえばコンピュータ，芸術表現，園芸，大工のような本も含めるべきである。

2) 印刷された健康医療情報は，患者が自分の病気または障害について理解するのに役立ち，治療について説明を受けた後の自己決定（インフォームド・デシジョン）を可能にするかもしれない。健康情報はまた患者に慢性病の管理法を教え，あるいは健康達成や維持の方法を示すことができる。

　これらを目的に，健康情報の蔵書には，辞書，百科事典，名簿・住所録（ヘルスケア分野のガイド，医師のガイド，ソーシャル・サービスのガイド）や医学用語事典，略字語，略語，主題別の書誌を含むべきである。

　資料の形態としては本，雑誌，ニュースレター，パンフレットその他の冊子がある。主題については病院が一般か専門病院かによって異なるが，一般的には，まんべんなく揃えた健康情報の蔵書には，解剖学と心理学，薬学，内科，特に最新の診断と治療，栄養学，外科，整形外科，精神病と一般の精神衛生，産婦人科，診断治療学，身体障害と発達障害，小児医学，老人医学，耳鼻咽喉科学，眼科学，歯科，稀少病，男性の保健衛生，女性の保健衛生，健康（安寧）が含まれる。

　図書館蔵書は患者や医療消費者（市民）のためにあるが，資料は素人向きと専門家レベルの両者を含むので，彼らの理解力は多様である。

　専門家団体や協会は健康情報の優れた資源であるので，患者図書館はそれらを十分に活用すべきである。しばしば，それらの資料には多言語のものや比較的低廉で入手できるものが含まれる。

最後に，健康医療情報について院内に「評価委員会」を設置して健康医療情報を評価または助言をすべきである。いくつかの病院では，このような委員会が義務づけられている。

蔵書に必要な本の冊数は，現場の事情により異なる。すべての状況に適した単一の公式はないが，以下の指針を参考にすべきである：

300床以下の病院	8冊／床
300～500床	7冊／床
500床以上	6冊／床
長期入院施設	8冊／床

内容が古くなった参考図書，傷みの激しい本，利用されない本を取り除くために，定期的に蔵書の一部の除籍が行われるべきである。図書館の利用状況によるとは言え，蔵書の約20%が毎年入れ替えられるべきである。

図書館資料が他の場所にまとめて置かれている場合は，その蔵書は定期的に入れ替えられるべきである。以下に示すイギリスのノフォーク図書館の「患者図書館基準」[39]は参考になるであろう。基準は次の交換率を義務づけている。

棚の本	交換すべき最低率
1,000冊以上	15%
700～999冊	20%
450～699冊	25%
150～449冊	30%

この基準はまた，蔵書が3か月ごとに入れ替えられることと，古い本が9年を越えないことも求めている（9年以内ですべての本が入れ替わることを示す）。

3) 非活字の娯楽資料には，次のものが含まれるべきである：録音図書（ア

ナログ型のカセットテープまたはデジタル型のテープ，CD, DVD[40])。新聞や雑誌の録音版。ビデオテープ，音楽や演劇やショウのテープ（可能ならばすべてが字幕付きのもの），音楽CD。携帯ラジオとウォークマン。ゲーム，パズル，トランプ，実物教材。子どもや長期入院患者には美術や工作。特に施設の高齢者には，自習用の学習テープまたはビデオテープ（字幕付きも含む）。長期入院の知的・情緒的障害者には，知的・社会的技術を教える障害者用玩具と人形。学習，言語発達，文字の綴り，語彙力，文法，理解力，読書に障害を持つ長期入院者には，読書指導に関するソフトウェア・プログラム。有用ならばおもちゃ図書館も。

4) 非活字の健康医療情報には，活字資料と同じ範囲の主題を含める。非活字の健康情報は，おそらく内外のオンライン・データベースやインターネットを含めて，その他の電子形態の資源が中心となるであろう。インターネットは膨大な情報を持っているとは言え，それを探し評価するのに時間を多く取られるので，図書館員にとっては今やインターネットは恩恵であると同時に重荷にもなっている。質と時間の有効性を求めて，地元や地域や全国の医学協会が維持しているインターネット・サイトを覗き込まなければならない。それらは質の高い健康医療情報源であり，通常は他の信頼できる資源にリンクしている。現れる主題のゲートウェイは，健康情報源が信頼できるかを知るのに役立つ[41]。多くの生物医学／健康科学図書館や図書館コンソーシアムのホームページも同じことが言える。

　図書館でのインターネット接続による検索と利用する健康情報については，患者図書館と病院は責任を持たないという協定を患者と結ぶ必要があるかもしれない。図書館と病院はまた，このサービスを患者が悪用しないとの同意を必要とすることもありうる。さもなければ，フィルターをかけるソフトウェアを使用することになる（訳注5）。

　すべての非活字の蔵書には，それ相応のハードウェア（機器）が準備され，良好な状態に維持管理されるべきである。

5) 最後に，必要ならば，読書補助具が用意されるべきである。これらには，

拡大鏡，プリズム眼鏡，電動式ページめくり機，図書朗読機，録音図書再生装置などの基本的補助具が含まれる。さらに，テレタイプライター（聾者や聴覚障害者用），電話音声拡大装置，字幕装置，コンピュータ・タッチ・スクリーン，画面拡大ソフトウェア，音声シンセサイザー，点字キーボード，点字プリンター，活字読み取り音声出力装置など，より高度な補助機器もある。

　補助機器分野の成長は著しく，今後も発展し続けることは間違いない。新しい技術を常に取り入れていくために，患者図書館は視覚障害者や身体障害者サービスにかかわる地域や国立図書館との接触を保つべきである。総合的に知るためには，補助機器の製作会社や販売会社のカタログやインターネット・ホームページがきわめて有用である(3.6も見よ)。

7．プログラムとサービス

　図書館資料の蔵書構築とその貸出しの他に，患者図書館は少なくともいくつかのサービスとプログラムを実行すべきである。その数と種類は利用者の欲求に基づくとは言え，実践は担当者とそれらを行うのに必要な予算次第である。以下の例は，医療施設で行われる共通のサービスとプログラムである：

1) 　病棟への定期訪問によるブックカート・サービスは，多数の歩行困難または歩行不可能の患者がいる施設では基本的なサービスである。このサービスは現場の状況によって決められるとは言え，週2回が理想的である。週単位のサービスを決めても(週2回以上でも以下でも)，訪問回数の変更や期待にそえないことをすれば，高齢者や障害者は迷惑に思うであろう。

　　ベッドサイド・サービスだけでなく，患者から電話でのリクエストがあった時には，いつでも図書館資料は貸出しされるべきである。

　　図書館訪問は社会性を育てるという考えから，歩行可能な高齢者や精神病患者はベッドサイドで貸出しされるよりも，むしろ図書館に行くことを勧めた方がよいと最近言われるようになった。この場合，各患者の状態・条件に基づいて決定がなされるべきである。

2) 実効性があるならば，本や他の活字資料の小規模コレクションを外来，デイルーム，待合室，透析や化学療法のような特別措置室に置くべきである。通常，このような場所での本の紛失率は高いので，図書館に戻す必要のないペーパーバックの本が適している。あるいは，ある程度の紛失を気にとめないならば，高価ではないハードカバーの本を置いてもよい。最新号の雑誌や新聞も，読書時間が限られた人たちには理想的な資料となる。
3) 図書館間相互貸借を利用すれば，患者図書館に所蔵しない資料が入手できる。この制度は図書館コンソーシアム（ネットワーク）を通して行うのが最も効果的である。この場合，申込手続きの窓口を一本化すれば，患者図書館は単一ルートで多くの異なった蔵書を利用可能となる。
4) レファレンス・サービスは，図書館が健康医療情報資料の提供を行う場合は，特に重要である。利用者は特定の質問に対する回答を得る場合だけでなく，豊富な情報を区分けすることでも援助を必要としている。また利用者は質のよい情報源を見つける場合や，さらに一般的にはインターネットの豊富な資源を入手する方法を学ぶことでも助力を必要としている。
5) 読書案内は，患者に継続して個別の読書プログラムを提供する長期入院施設では特に重要である。読書案内を行うには，患者の欲求や興味と彼らに適した資料の双方についての知識を必要とする。読書案内の目標は教育，気分転換あるいは治療である。
6) 可能ならば，患者図書館は，病気，健康，安寧，娯楽などの主題別解説書誌を作るべきである。現場用に作成した書誌は外部機関で作成したものよりも情報に新しさがある。
7) 患者図書館は親機関が行う学校教育，レクリエーション療法，作業療法など，つまり教育とリハビリテーション・プログラムを支援する資料を提供すべきである。患者と担当職員が大いに恩恵をこうむるだけでなく，この協力支援で図書館は患者医療サービスとしての役割をさらに広げることになる。
8) 長期入院施設では，図書館は適切な形の文化活動を提供すべきである。

これは図書館が単独で行うか，あるいは他の部門または他のサービスと協力して行う。これには読書ディスカッション・グループ，美術工芸，映画やスライド・ショウ，講演，音楽，ゲーム，詩の朗読（患者自身の朗読を含む），ディベートとディスカッション，祝祭日に関する催し物，子どものための美術工芸，フランネル・ボード・ストーリー（訳注6），人形劇，お話，読み聞かせ（点字本や手話も含む）などがある。

9) このガイドラインの前文で述べたように，音楽療法は患者の治療において，まず心を刺激し，落ち着かせ，また苦痛やストレスや緊張を取り除くために，さらに苦痛緩和剤の補助として使用され続けている。音楽療法の場所は病室や手術室から回復室まで及び，ホームではグループまたは個別に行う。

　音楽療法を支援するために，あらゆる努力がなされるべきである。音楽テープのコレクションの構築とその維持管理は，それほど費用と手間暇をかけなくても，患者と担当職員に大いに助けとなるであろう。

10) 人手が足り専門家がいるならば，患者図書館は読書療法も推奨し支援すべきである。定義によれば，読書療法は読書相談よりも構造的で集中的であるので，図書館側に積極的かつ長期的かかわりが求められる。この古い道具（読書療法）は，入院児や高齢者やうつ病患者には特に効果があると長年考えられてきており，努力をする価値がありそうである。

11) 最後に，図書館内にスペースの余裕があるならば，患者や家族や医療関係者の間で健康や他の共通問題について話し合う専用のスペースに使うことができる。図書館は病院内の健康医療情報センターなので，このテーマについて話し合う場所として適している。図書館内に自由に使えるスペースがあれば，そこを集団読書療法に使用することもできるであろう。

8．図書館のオートメーション化について

　技術的サービスやその他の図書館システムについての詳しい議論は当ガイドラインの範囲外であるが，このようなサービスとシステムのオートメーション

化について簡単な助言は価値があると思う。

　技術的サービスには通常は，資料追加作業が含まれる。選択，受入，整理，分類，新規受入のカタログ化の作業は必須のものである。図書館システムには，貸出し，図書館間相互貸借，逐次刊行物の管理，在庫管理，購入と受入が含まれる。これらの作業の一部のオートメーション化はしばしば非常に大きな作業効率をもたらすとは言え，この決定はきわめて個別なものであり，現場の事情，特に必要性や可能性や有用性に基づいてなされるべきである。

　特定業務がオートメーション化される理由は何か。そのことによって誰がどのように利益を得るのか。たとえば，オンライン・カタログは図書館蔵書について遠隔地からのアクセスを可能にするので，蔵書が病院外部から頻繁に利用される場合は重要である。しかし，もしも図書館が患者の個別訪問による利用に限られるなら重要とは言えないかもしれない。

　図書館は特定のシステムをオートメーション化し，それを長期にわたって維持管理するだけの資源を持っているかどうかの可能性を検討することである。1)図書館員はそのシステムを監視しまた発生する技術的なトラブルに対応できるだけの専門的知識と技術を持ち合わせているか？　2)図書館員が専門技術を欠いている場合は，親機関（または患者図書館を担当する公共図書館または他の機関）がオートメーションを管理するシステム専門家を持っているか？　3)親機関または外部機関はシステムのソフトウェアとハードウェアのバージョンアップに必要な資金を提供できるか？

　オートメーション・システムは本当に役に立つのか，あるいは図書館職員にとって時間や資源の浪費となり長所が帳消しになるのかを見極めるべきである。少なくとも，オートメーション・システムとそのバージョン・アップは，余力のない職員にとってやっかいなお荷物となる。もしも手作業システムがオートメーション・システムに比べて時間と効率の点で優劣がつけられない場合には，手作業システムを保持すべきであろう。

十分な職員と財源があれば，少なくとも図書館の所蔵記録をオートメーション化する利点がある。つまり，コンピュータによる電子カタログの作成と維持管理を行う。人手に関しては，伝統的なカード・カタログに比べて時間の節約になる。いったん蔵書記録が入力されてしまえば，新規受入の追加情報はキーボードで短時間で行うので，データ入力作業は目録カード作成とファイリングの作業に比べればはるかに早く終わる。蔵書から資料を取り出すことも短時間でできる。たとえば，シリーズもののカードを手で探し出し廃棄処分にするのに比べ，オートメーションでは削除キーを押すだけで済む。たいていの目録方式にはブック・ポケットと本の背中のラベルの作業があるが，オートメーション化すればそれらにタイプを打つことや物品購入に必要な時間が節約できる。

　管理面で重要なことは，コンピュータによって作成された目録だけにとどまらず，副産物としてのリポートや要約を作ることもできる。たとえば，主題別書誌，蔵書分析リポート，新着リストなど，これらすべては手作業に比べて時間の節約になる。

　最後に，コンピュータによって作成された目録では，図書館職員や利用者が蔵書についての情報をほぼ瞬時に入手できる。貸出方式に連動させれば，特定の資料の利用状況の情報をも即座に得ることができる。

　たぶん，多数の障害者にサービスする図書館では，コンピュータによって作成された目録の最大の欠点は，彼らが利用するコンピュータ補助機器のコストが高いことである。また高齢者やコンピュータが苦手な人にはこの目録は難しく感じるであろう。繰り返すが，オートメーション化の決定は現場の事情を考慮して行われるべきである。

　ドイツ図書館学研究所の『患者図書館ガイドライン』は，「患者図書館では本の貸出しを最優先にすべきである」[42]と述べており，たぶんその目標はシステムのオートメーション化に関して決定する場合の鍵であろう：もしもオートメーション化が患者の蔵書利用を高め，また病院職員の利用に役立つならば，考慮されるべきであろう。一方，もしも図書館職員の時間と財政的資源の浪費と

なりうるならば，目標自体が危うくなるので，注意して取り組むべきである。

9．広報活動

　患者図書館の広報活動に時間とエネルギーを費やすことは，図書館サービスを行うこととほぼ同等に重要である。なぜならば，もしも患者や病院職員や管理者が図書館のすばらしい資源を知らず，あるいは曖昧な認識を持っているならば，その患者サービスは消えてしまっているのと同じだからである。

1) 図書館の存在だけでなく，その資料やサービスをも宣伝する努力をすべきである。宣伝には，視聴覚資料，変換資料，補助機器などが含まれる。図書館の開館時間，患者の利用案内も重要である。

2) 宣伝対象となる集団としては入院患者が最も身近である。彼らに病院案内や院内テレビを通して図書館情報を提供することができる。また患者は，病棟や外来などに置かれたリーフレットなどでも図書館情報を提供される。親機関が許すかぎり，図書館情報の冊子を診断や治療の待合室すべてに置くべきである。

3) 最も簡便なのは情報を盛り込んだ栞で，図書館宣伝の効果的手段であり，施設中に行きわたるべきである。栞は本にはさみ実用的であるため，人々はそれを所持するので他の活字体の宣伝よりも有利である。

4) 図書館の仕事を管理者に知らしめるのは，定期的に開催される図書館委員会であり，委員には看護，ソーシャル・サービス，管理，コミュニティ・ケアなど，患者に医療サービスする部門の代表者が含まれる。院内の大きな会議でのプレゼンテーション（説明）は，管理担当スタッフに宣伝できる非常に効果的な方法である。これらの人たちに年1回あるいは4回出す報告書もまた効果がある。

5) 病院スタッフは，院内報や他の出版物を通して図書館について知る。新着図書・資料リストを病院内全体に配布すれば，スタッフは常に図書館に関する情報に触れることができる。

6) 院内にポスターを貼る方法は，病院スタッフだけでなく家族や面会者に

も図書館の存在を知らしめる。もしもポスターが子どもを含めた長期入院患者によって作成されたものであれば，病院管理者たちの目を特に引き付けるかもしれない。このようなポスター作成では，図書館と他の部門，たとえば作業療法またはレクリエーション部門との協同プロジェクトという形で行うこともできる。この協力自体がすばらしい宣伝手段となる。

7) ギフトショップがもし，図書館についての宣伝資料を引き受けて配布してくれるならば，これもまた患者や家族や面会者への優れた手段となる。
8) 図書館蔵書やプログラムあるいはサービスを紹介する展示ケースが病院の中央部に設置されるならば，それは宣伝効果が大きいであろう。講演，詩の朗読，ブックトーク，子どものためのプログラムなど特別イベントを印刷したチラシもまた大いに関心を引くであろう。できるなら，親機関のスタッフが図書館主催の講演会や朗読会に招待されれば，図書館の存在はさらに視覚を通じて強化されるであろう。
9) 最後に，病院スタッフに図書館資料の構築に関してアイディアを求めるべきである。これは病院の欲求に応じた蔵書やサービスをするのに役立つだけでなく，図書館を彼らの心に刻み込むことにも役立つであろう。
10) 患者図書館が地域や自宅でケアを受けている人たちにもサービスしている場合には，前述の宣伝手段，特にリーフレット，冊子，栞は潜在的利用者を図書館資源に引きつけるのに効果的である。これら情報資料はコミュニティ・ケア・センターに置いて定期的に入れ替え，在宅サービス担当の病院スタッフを通して自宅療養患者にも配布されるべきである。地元の新聞への無料または低料金での広告掲載は，地域社会や自宅療養患者や地元の公共図書館に患者図書館の存在とその仕事を知らせるのに大いに役立つ。
11) 長期医療あるいは入所施設の高齢者や障害者のための図書館サービスについては，談話室など集会する場所に図書館情報の小冊子や栞を置くことも効果がある。

ドイツの『患者図書館ガイドライン』は，患者図書館が図書館員仲間に対し

ての宣伝手段の一つとして，地元公共図書館員のために年1回のお茶会を開催することを提案している[43]。理想を言えば，これを年4回あるいは2回のイベントとして含まれることである。

10. 外部資源

可能なかぎり，患者図書館員は外部資源を利用すべきである。というのは，患者図書館員の仕事は多くの専門分野を含んでおり，最新情報，資料や支援サービスを提供する機関を利用することが賢明であろう。

1) 地元の公共図書館（もしもまだ図書館サービスを病院に提供していない場合）は，士気と情報支援において非常に助けとなりうる。たとえば，公共図書館との親和関係を築けば，孤立している患者図書館員に専門家としての仲間ができ，問題点を論じ，また意見交換の機会を持てる。地元の公共図書館との親和関係の維持はまた，この分野の新しい動きを常に把握できる優れた方法でもある。これは特別のサービスやボランティアの助力が必要な場合の接触源となり，また共同体の人たちの娯楽的興味や健康情報に対する欲求を知る回路にもなる。

公共図書館は重複本や不用本の寄贈，あるいは図書館間相互貸借制度によって患者図書館の蔵書を補充することができる。また資料の共同購入・目録・事務作業も行う場合にも役立つ。

2) 図書館コンソーシアム（ネットワーク）の利点は，公共図書館が行うことと重複するかもしれない。にもかかわらず，これはもう一つの図書館間相互貸借のための資源であり，不必要かつ重複した資料の会員間との交換について調整することがある。会費によって運営しているコンソーシアムは，インターネットでのアクセスができる場合がある（親機関を通してはコンソーシアムにアクセスできない場合には重要である）。コンソーシアムはまた継続教育プログラムを提供し，患者図書館員に助成金や奨学金の利用について知らせてくれる。

患者のための図書館　57

地元，全国，国際的ネットワークは，会員に共通の問題や解決を提供する巨大な支援システムである。

3) 国立図書館は，特定主題に関する資料の展示や録音図書などの特別の資料の寄託図書(訳注7)または必要の都度貸出してくれる機関として助けになるかもしれない。国立図書館はしばしば運営のための相談や他の指導をすることもあり，また助成資金源となることもある。国立図書館は，資料の受入，目録作業，カード作成やユニオン・リスト(訳注8)のような図書館協力において中心的役割をしばしば果たす。

4) 　図書館協会（図書館専門団体）は患者図書館員に関する専門の小委員会，たとえば，1)病院サービス，2)高齢者サービス，3)障害者サービスのそれぞれの委員会の中に設けられている(訳注9)。地元または地域の図書館協会は，このような専門のグループを持たない場合でも，理解を示し，すべての図書館員に影響を与えるような事柄に含めてくれるであろう。

5) 　医学・健康科学協会は通常，患者・医療消費者情報資料を無料または廉価で積極的に提供してくれる。その中には多言語の情報を提供してくれる団体もある。この協会を利用することの長所は，最も信頼性のある資料を提供してくれることである。

6) 　製作会社のカタログは情報の最新性という点から軽視できない。図書館員は関連の専門会社との関係を維持して，カタログやその他の出版物を入手すべきである。

7) 　活字の資料についての総合的情報を提供する出版社は，また受入の時に役立つ主題別解説目録をもしばしば提供してくれる。また出版社は低廉の在庫本を提供し，時々多数の新本を慈善として寄贈することもある。

8) 　インターネット・ディスカッション・グループ(訳注10)は，他の患者図書館員だけでなく健康科学やアウトリーチ・サービス(訳注11)担当の図書館員との情報交換するのに価値ある場を提供する。

11. 高齢者および障害者に対する配慮

11.1 高齢者

　高齢者または老人を示す意味が，国際的に統一されているようである。たとえば，世界保健機関（WHO）は60歳以上の人々をある時は高齢者の範疇に入れており，また他の場合には65歳以上を高齢者としている[44]。しかしながら，WHOは80歳以上を超高齢者と終始一貫して使用している[45]。

　一方，アメリカ国立医学図書館の国際生物医学文献の主索引では一時期，高齢者を65歳以上と80歳以上の2つの範疇に分けていた[46]。

　当ガイドラインでは一貫性を持たせるために，老人ではなく高齢者（The elderly）の用語を採用し，年齢はWHOの65歳以上と，80歳以上の分け方を採用することにする。なぜならば，このやり方は最新の国際書誌の索引作成者によって支持されているからである。

　カテゴリー化はともかくとして，高齢者人口が世界的に増加していることは明らかである。1999年初頭にWHOは次のように言及した。

　1955年には，20歳以下100人に対して65歳以上は12人であった。1995年には，この比率は100対16になった。2025年までに100対36，つまり全世界人口の10％に達するであろう[47]。さらにWHOは，高齢者自身も加齢が続き超高齢者の人口も増加するので，世界の多くの国では超高齢化社会になるであろう，1993年には65歳以上人口の16％になった，この割合は次の30年以内に高齢社会の国では30％に増えるであろう[48]，とも述べている。

　この現象は「決定的な個人の欲求」[49]と呼ばれてきた人口の増加と，高齢者への図書館サービスにかかわってきた人々の双方において，価値のある人口として図書館分野で重要な意味を持つ。

　高齢者への図書館サービス提供の基本は，彼らは生涯を通して個人であり続けるということを認識することである。実際，高齢者の多くは家族の扶養や勤

労報酬の責任から自由になり，自分自身の興味をとことん追求することが可能な生活の局面に入っている。この追求はたぶん一貫しているであろう。政治，歴史または社会問題への関心を過去に持った人々は，高齢者になっても同様であろう。芸術的才能のある人は創作を続けたいと思うであろう。学習好きの人はそれを継続したいと思うであろう。

　以上のことを認識すると同時に，高齢に伴う衰弱をも考慮しなければならない。たとえば，高齢でも精神的能力が比較的良好の人がおり，また知的障害や痴呆の程度は人によって異なることも経験上理解できる。とは言え，ある程度の身体的衰えはほとんどの高齢者に見られるので[50]，高齢者への図書館サービスはこのような可能性を考慮して計画されるべきである。一般に，身体的・精神的限界としては，体力やエネルギーの低下による健康問題，感覚障害，動作障害，精神能力の低下(記憶力や集中力減退)，そして孤独の問題がある。うつ病にかかる高齢者もいる[51]。

　高齢者への図書館サービスを計画する場合，彼らが受ける治療法をも考慮すべきである。身体的，レクリエーション的，作業的な療法は基礎解剖学，身体運動，美術工芸その他の技術に関する情報によって高められる。精神療法は読書療法または読書指導によって補完されるであろう。

　結局，一般人口と同様に，高齢者の読書能力と関心も多様である。熱心な読者，普通の読者，読書をためらう人，読書に関心のない人，読書技術に乏しい人などである。

　高齢者への効果的な図書館サービスを行うには，次のような狙いの下に読書および他の資料を提供すべきである：
1) 個人の関心を刺激し支援する
2) 心身障害を補償する
3) 特定の治療および活動を補完する
4) さまざまな読書能力に応える

以上の欲求に合った図書館蔵書にはセクション6で述べた資料も含める。以下は特に重要である：

1) 大活字の本と雑誌：行間のスペースが通常よりも広い
2) 重量が軽い本または取り扱いが容易にできる本
3) さまざまな新聞，特に時間の流れに従って情報を得ることができる日刊新聞
4) 集中力低下の人のために，語彙が少ないが高度に関心を引く本。たとえば，文章の少ない写真集や絵本
5) 大きなカラー写真付きの旅行本
6) 学習用本（美術，木工，コンピュータ技術）
7) 特定主題の本（郷土史，料理，園芸，その他の趣味）
8) 文化的資料
9) コミックス，クロスワード・パズルなどパズル類，トランプ，盤上ゲーム
10) 視聴覚資料：オーディオや音楽のビデオテープ，映画やショウ，教材ビデオ（必要ならば字幕付き）
11) 媒体変換資料。たとえば録音図書・新聞・雑誌，セクション6で挙げた資料
12) 健康情報についての本，雑誌，パンフレット，その他の冊子
13) 特定の障害や病気についての情報
14) 医学関係の辞書や百科事典
15) 健康や安寧の生活を送るためのガイド
16) リラクゼーション，運動，老年学の本

若い世代と同様に，高齢者の中には補助機器を必要とする人がいる。手に持って使用する拡大器と備え付けタイプの拡大器，拡大鏡，ブックスタンド，電動式ページめくり機などの読書補助具の準備も必要である。場合によっては，セクション6で述べたような，感覚の衰えを補う精巧な機器も考慮されるべき

である。

　WHOは「主体的加齢」つまり加齢は人の一生を通じての自然な過程であるということを，世界共通の認識としている[52]。このような加齢は社会のすべての面において高齢者の継続参加を意味するとWHOは述べている[53]。この目標をめざして，高齢者のための図書館サービスは高齢者の生涯学習を支援し，また彼らの社会的，文化的，健康その他の情報を提供することを目的とすることが適切であろう。

11.2　障害者

　「高齢者」の用語と異なり，「障害者」の意味は国際的基盤を持つ。国際社会のために国連 (UN) は障害者を身体的，感覚的，精神的に分類している。国連は更に'disabled'と'impaired'と'handicapped'の用語の違いを提示している：

　'impairment'とは，身体的，心理学的または解剖学的構造，機能の異常または喪失である。これは，人体組織（器質）レベルの障害であり，たとえば盲，聾，麻痺などを指す。

　'disability'は，障害が原因で人間として通常と考えられる行動様式や行動範囲を満たす能力の制限または欠如を指す。人間のレベルの機能制限であり，disabilityは，見る，聞く，動くことが困難である。

　'handicap'は，行動の制限から来る不利な条件を指す。障害者は障害を持たない人に比べて社会経済的文脈において不利な条件に置かれている人である。たとえば，公共輸送機関を利用できない，社会的に孤立状態，ベッドに寝たきりなどがある[54]。

　国連は5億人以上[55]，つまり世界人口の7～10％が障害者であり[56]，その半数は精神障害者であると推定している[57]。障害者の権利に関して国連は長年にわたり関心を持ち，図書館利用やさまざまな形態の資料提供を含めて，障害者の情報および文化へのアクセスに関して勧告を出してきた[58]。

　多様なグループに対する図書館サービスは，この分野では最も努力すべきも

のの一つである。というのは，障害者は障害の種類が多様であり，また障害の程度もさまざまであり，彼らはあらゆる年齢層，つまり子どもから高齢者にまで及び，この障害と年齢グループが図書館員に特別の専門技術を必要とさせるのである。

　この分野の複雑さを考えれば，個々の障害者と年齢特有の障害者グループのための図書館サービスについての詳しい議論は，このガイドラインの範囲から逸脱している。しかしながら，このセクションでは一般的考察と勧告は提示できる。さらに踏み込んで知りたい読者は，この分野について詳細に記述する本や雑誌の文献を参照されたい。またIFLAの年次会議での発表論文と，IFLAのホームページ(www.ifla.org)へのアクセスは，障害者の図書館資料およびサービスに関する優れた情報源である。

一般的考察

　障害者へのサービスで「鍵」があるとすれば，障害者は障害を除いては他の人とまったく同じ人間であるということを認識することであろう。彼らも好き嫌いがあり，また希望や夢を持っている。彼らはしばしば質の高い生活のために仕事をしたいと思っている。一般に考えられている以上に強い競争意識や好奇心を持っている人もいる。多くの障害者は情報や権利や機会を求める。もっと一般的に言えば，それが彼らが生きている世界である。かなりのエネルギーと決意で情報を求める人もいることは経験が示している。

　そしてまたすべての人と同様に，障害者は意味ある人生を送りたいと思っており，自分の精神を活発にさせる物事を探している。読書行為は本の世界やマルチメディアを通じて夢を抱き，計画を立て，社会の一員になることができるので，読書は精神を活発にさせる活動リストの上位に入る[59]。

　これらを心に留めて，障害者のための蔵書は適切な形態の資料提供を目的とすべきである。そのためには，利用者とその興味だけでなく障害の程度やその結果としての限界，さらにその障害の補償となる資源についての知識が必要である。

セクション6で挙げた図書館資料以外に，障害者のための蔵書には以下のものが含まれるべきである：
1) 視覚障害者：点字，録音図書，音声カセット，最新ニュースや時間の経過ごとの情報を参照できる録音新聞，大活字本，行間を最大限に広げた本，手で触る本，カーズワイル型の読書機(文章を機械が読み上げる)，各種音楽，点字プリンターおよびタイプライター，拡大鏡やビデオ拡大器などの読書補助具
2) 視覚障害児：触れる玩具や物，三次元の物が付いた点字本，など
3) 聴覚障害者：字幕付きテレビ(特にニュース)，字幕付きビデオ(グループで観る字幕フィルムを含む)，手話によるお話や講演や会話，必要ならば，改良されたテレコミュニケーション用具
4) 知的障害者：読みやすい本(特に録音図書版として，失語症患者にはゆっくりと朗読する本)，簡単な筋のビデオフィルム，絵本，簡単なゲーム，障害者用の人形などの玩具，社会的および認識技術の学習用の人形
5) さまざまなゲーム，美術工芸プログラム
6) オンライン・カタログがある所では，拡大複写や音声出力
7) 一般に，患者の欲求に合うように改変された娯楽的・教育的・文化的資料

インターネット（ワールド・ワイド・ウェブ）は実際的な情報源としてだけでなく，娯楽的な読書としても障害者には重要な道具としてますます必要とされてきている。できるならば，患者はインターネットにアクセスできるべきであり，それは情報アクセス・バリアを解消することを意味する。

訳注
1) 日本語への適訳が見つからないのでカタカナ表記とした。患者，聴覚障害者，高齢者，知的障害児・者，失語症，刑務所入所者など多数の主題を取り扱う委員会である。
2) 音量の調節や話す速度を変えられる機器がある。

3）日本の図書館の現場では通常，ブックトラックと呼ばれるが，原文のブックカートをそのまま日本語訳に採用した。
4）拡大読書器やCD版録音図書（DAISY）なども必要である。
5）たとえば，医療情報ではなくポルノ・サイトに接続する患者がいるかもしれない。現実に，公共図書館では問題となっている。
6）日本ではパネル・シアターと言われる。
7）国立図書館の蔵書の一部を病院図書館に長期間貸出する制度。
8）全国の図書館の資料所蔵リスト。必要とする特定の本は今，どの図書館に所在しているかがわかる。図書館相互貸借の場合には有用な情報となる。
9）図書館来館者を対象として始まった公共図書館サービスは，その後地域に住む障害者，入院患者など来館困難な人にもサービスを拡大していった。
10）特定のテーマについてインターネット上で自由に議論し情報交換する。
11）公共図書館の歴史は，来館者にサービスすることで始まった。しかし，その後，地域社会に住む来館困難な人たちにも積極的にサービスをするようになった。アウトリーチとは「来館困難または利用しにくい状態に置かれている」人を指す。

参考文献

1. See, for example: R. Williams, *Reading support for hospitalized children in North Carolina,* MLS Thesis (Chapel Hill : Univ of NC at Chapel Hill, 1997) ; A. Fosson, "Bibliotherapy for hospitalized children," *South Med J* 77 (1984): 342-46 ; H. Machaver, "Two-year follow-up of bibliotherapy for depression in older adults," *J Consult Clin Psych* 158 (1990): 665-7 ; J.T. Pardeck, "Bibliotherapy and cancer patient," *Fam Ther* 19 (1992): 223-32 ; P.Cuijpers, "Bibliotherapy in unipolar depression, a meta-analysis," *J Behav Ther Exp Psych* 28 (1997): 139-47 ; C. Thiels and others, "Help with self-care" [German], *Nervenarzt* 66 (1995): 505-10.
2. See, for example: M.A. Steckler, "The effects of music on healing," *J Long Term Home Health Care* 17 (1998): 42-8 ; L.R. Glassman, "Music therapy and bibliotherapy in the rehabilitation of traumatic brain injury: a case study," *Arts in Psychotherapy* 18 (1991): 149-56 ; S. Evers, "Status of music therapy in in patient pediatrics and child and adolescent psychiatry" [German], *Prax Kinderpsychol Kinderpsychiatr* 47 (1998): 229-39 ; M.C. Good and C.C. Chin, "The effects of Western music on postoperative pain in Taiwan," *Kao Hsiung/Hsueh Ko Hsueh Tsa Chih* 14 (1998): 94-103 ; J.F. Byers and K.A. Smyth, "Effect of a music intervention on noise annoyance, heart rate, and blood pressure in cardiac surgery patients," *Am J Crit Care* 6 (1997): 183-91. Y. Nakagami, "Hospice program and palliative medicine," [Japanese], *Gan To Kagaku Ryoho* 24 (1997): 792-9 ; F. Biley, "Complementary therapy: using music in hospital settings," *Nurs Stand* 6 (1992): 20-6 ; B. Reaks, "Music: some influences on health," *J Royal Soc Health* 110 (1990): 187-88.
3. Malcolm T. MacEachem, *Hospital organization and management* (Chicago : Physicians' Record Company, 1957), 7-9.
4. Bruce Bruce-Porter, "The need for libraries in hospitals as a part of the scheme of curative medicine," *J State Med* 38 (1930): 710-15.
5. Malcolm T. MacEachem, 835.
6. Bruce Bruce-Porter, 711.

7. *Encyclopedia of library and information science,* ed. Allen Kent and Harold Lancour (New York: Marcel Dekker, 1969), 449.
8. Lisa M. Dunkel, "Moral and humane: patients libraries in early nineteenth-century American mental hospitals," *Bull Med Libr Assoc* 71 (1983): 274-81.
9. See, for example: *Catalogue of the library of Murray's Royal Institution, Perth. No. 1 - January, 1863,* comp. M.W.J. (Perth Murray's Royal Institution, 1863); *Catalogue of books in the New Haven Hospital, September 1, 1896* (New Haven, Connecticut: New Haven Hospital, 1896); The Massachusetts General Hospital, The Library Committee, "Report of the General Library of [the] Massachusetts General Hospital, January 1887."
10. Dorothy Tylor, "Hospital libraries," *The Library* 7 (1895): 347-52.
11. Ernst Schultze, "Über Notwendigkeit und Nutzen von Krankenhaus-Büchereien" *Archiv f Volkswohlfahrt* (1907/08): 813-819; Irene Chromse, "Zur Frage der Krankenhausbücherei," *Zeitschrift für Krankenpflege* (Berlin) 35 (1913): 175-186.
12. Edith Kathleen Jones, "Libraries for patients in hospitals for the insane," *Am J Insanity* 68 (1911): 95-101.
13. *Library services to hospital patients: report of the Order of St. John of Jerusalem and British Red Cross Society Joint Committee.* (Bruton, Somerset [UK]: Capital Planning Information, 1993), 3-4.
14. Helen Mary Gaskel, "Hospital libraries past and present," *The Book Trolley* 1 (1937): 203-5.
15. *Library services to hospital patients,* 4.
16. Helen Mary Gaskell, 204.
17. Nancy Mary Panella, "The patients' library movement: an oveview of early efforts in the United States to provide organized libraries for hospital patients," *Bull Med Libr Assoc* 86 (1996): 58.
18. *Richtlinien für Patientenbibliotheken,* erarbeitet von einer Expertengruppe der Kommission für besondere Benuzergruppen des Deutschen Bibliotheksinstituts. (Berlin: Deutsches Bibliotheksinstitut, 1995), 1.
19. Walton B.McDaniel,"Bibliotherapy - some historical and contemporary aspects," *Bull Am Libr Assoc* 50 (1956): 586.
20. Helen Mary Gaskell, 204-5.

21. Edith Kathleen Jones, "The growth of hospital libraries," *The Modern Hosp* 18 (1922): 454.
22. See, for example: Edith Kathleen Jones, *Hospital libraries* (Chicago : American Library Association, 1939), 132-3.
23. See, for example: ME Roberts, "Libraries for hospital patients the world over," *Hosp Manage* 15 (1932): 34,35-36 ; Perri Jones, "Survey of hospital libraries abroad and at home," *Trans Amer Hosp Assoc* 36 (1934): 360-364. For selected countries, see: Elisabeth Ostenfeld, "Hospitalsbiblioteker," *Bogens Verden* 10 (1928): 51-53 ; I. Linde, "Bücherein für patienten von Krankenanstalten," *Zeitschrift für das gesamte Krankenhauswesen* 25 (1929): 471-476 ; Johanne Buene Andersen, "Bibliotekarbeidet ved Vestfold Fylkessykehus," *For Folkeoplysning* (1930): 202-203 ; Maria Miralda, *Les bibliotèques d'hospital a Catalunya* (Barcelona : Escola de Bibliocaries de la Generalitat de Catalunya, 1934)
24. The Committee's official name was "The Committee on Library Work in Hospitals and Charitable and Correctional Institutions."
25. Edith Kathleen Jones, *Hospital libraries*, 136-9.
26. "Objectives and standards for hospital libraries and librarians," *Illinois Libraries* 27 (1945): 172-5.
27. Nancy Mary Panella, 58.
28. See, for example: Library Association, Proceedings of the 53rd annual conference...Cambridge, Sept. 22-27, 1930. Supplement to *Libr Ass Rec* 33 (third series, 1, 1931): IX-X ; Edith Kathleen Jones, *Hospital Libraries*, 142 ; "Hospital Libraries: Cambridge Conference," *Lancet* 2(1930): 777-778.
29. Edith Kathleen Jones, *Hospital Libraries*, 142.
30. *Ibid*.
31. Fedération Internationale Des Associations De Bibliothécaires. Comité International Des Bibliothèques, 4me Session, Cheltenham (Angleterre), 29-31 Août. 1931 (Genève : Kundig, 1931), 18-19.
32. Edith Kathleen Jones, *Hospital Libraries*, 141-3.
33. *Richtlinien für Patientenbibliotheken*, 38.
34. *Ibid*. 11.
35. *Ibid*. 20.
36. 点字本については，IFLA の『点字利用者への図書館サービスガイドライン』によ

れば，健眼者と盲人の両社会において録音図書とその技術は読み書き能力の代用物にはならない。両社会での識字の基礎は，活字または点字の読み書き能力である。International Federation of Library Associations and Institutions, Section of Libraries for the Blind, *Guidelines for library service to braille users* (The Hague : The International Federation of Library Associations and Institutions, 1998).

37. 「読みやすい資料」(Easy-to-Read materials) についての記述は次の文献にみられる。*Guidelines for Easy-to-Read materials,* comp., ed. Bror Tronbacke, IFLA Professional Report #54 (The Hague : The International Federation of Library Associations and Institutions, 1997).

38. 入院児のための本の使用に関する熱心な議論については，次を参照。 Marcella F. Anderson, *Hospitalized children and books, a guide for librarians, families, and caregivers* (Metuchen, New Jersey & London : Scarecrow Press, 1992).

39. Norfolk Library and Information Service. Norfolk Joint Approach Scheme. *Patients' Library Standards,* January, 1994.(n.p).

40. アナログの録音図書に比べて，デジタルの録音図書の人気が高まっている。その主な理由として，記録が早く維持管理も容易なことがあげられる。デジタル型は今では子ども，視覚障害者，聴覚障害者，運動障害者，知的障害者も利用できる。 See: Bibbi Andersson, *The talking book of the future* (Enskede, Sweden : the Swedish Library of Talking Books and Braille, 1999).

41. インターネット・サブジェクト・ゲートウェイは質のよい情報を入手するのを可能にするシステムであり，求める情報を含んでいる文献をパソコンの画面上に列挙し解説文も付け，さらに他のネットワークにもリンクする。このリンクは「信頼できる質のよい情報選択基準」に従って厳選して行われる。 Emma Place, "International collaboration on Internet subject gateways," *IFLA Journal* 26 (2000): 52-56.

42. *Richtlinien für Patientenbibliotheken,* 31.

43. *Ibid.* 39.

44. See, for example: World Health Organization. "Population Ageing - a Public Health Challenge." 1999. http://www.who.int/inf-fs/en/fact135html (5 Oct.1999) ; The World Health Organization. "The Scope of the Challenge." 1999. http://www.who.int.ageing/scope.html (5 Oct. 1999) ; The World Health Organization. "Fifty facts from the World Health Report 1998." 1999. http://www.who.int/

whr/1998/factse.htm (5 Oct. 1999).
45. "Population Ageing - A Public Health Challenge," p.2.
46. Medical Subject Headings. Annotated Alphabetical List 1999/National Library of Medicine. (Bethesda, Maryland [USA] : The National Library of Medicine, 1998), 29.
47. "Fifty facts from the World Health Report 1998," fact nos. 6, 8.
48. "The Scope of the Challenge," p.1.
   WHOはさらに次のように述べている：今後25年でヨーロッパは世界の最高齢地域になると予想される。現在は，高齢者は全人口の20％を占め，2020年までには25％になるであろう。2020年までの最高齢国は日本（31％），イタリア・ギリシア・スイス（28％以上）である。現在，高齢人口率が最も高い国はギリシアとイタリア（両国とも1998年に23％）である。2020年には超高齢者（80歳以上）の60～79歳グループに対する比率は，イギリスとイタリアで22％，日本・フランス・スペインが21％，ドイツが20％になると予想されている。 "Population Ageing - A Public Health Challenge," 2.
49. 高齢者への図書館サービスについてのLis Frederiksenの論文は，高齢者の特有の欲求と関心に一部分基づいていた。次の文献を参照。 Lis Frederiksen, "Health and culture - an interdisciplinary project," *Scan Pub Lib Quart* 25 (1992): 8.
50. 高齢人口社会では慢性病や衰弱が増加する危険性をWHOが指摘している。 "Population Ageing," p.3 ; "Fifty Facts from the World Health Report 1998," fact no.47.
51. 研究によれば，いくつかの国では高齢者は若年者に比べて，うつ病になりやすい。 Examples are: CY Lin and others, "Depressive disorders among older residents in a Chinese rural community," *Psychol Med* 27 (1997): 943-9 ; A. Paivarinta and others, "The prevalence and associates of depressive disorders in the oldest-old Finns," *Soc Psychiatry Psychiatr Epidemiol* 34 (1999): 352-9 ; J Vialta-Franch and others, "Prevalence of depressive disorders in dementia." [Article in Spanish] *Rev Neurol* 26 (1998): 57-60.
52. "The Scope of the Challenge," 2.
53. World Health Organization. Office of the Director-General. Interagency Consultation on Disability. Geneva, 15-16 June 1999. http://www.who.int/director-general/speec...sh/19990615_interagency_consultation.html.
54. "The United Nations and Disabled Persons," Chapter II, What is a Disability?

http://www.un.org/esa/socdev/dis50y10.htm (October 23, 1999).
55. "The UN and Persons with Disabilities. Executive Summary: United Nations Commitment to Advancement of the Status of Persons with Disabilities." http://www.un.org/esa/socdev/disun.htm (October 23, 1999).
56. "The United Nations and Disabled Persons."
57. WHO Information Fact Sheets. "The 'Newly Defined' Burden of Mental Problems." http://www.who.int/inf-fs/fact217.html.
58. See, for example: "The Standard Rules on the Equalization of Opportunities for Persons with Disabilities." http://www.un.org/esa/socdev/dissre00.htm ; "World Programme of Action Concerning Disabled Persons." http://www.un.org/esa/socdev/diswpa00.htm
59. Brita Narjord, "Library of the Year," *Scan Pub Lib Quart* 32 (1999): 12.

付　録

歩行困難あるいは不可能の人のための必要スペース

転載の許可
　次ページ以降の図は『The librarian and the patient』(ed. by Eleanor Phinney. Chicago, American Library Association. 1977) から許可を得て転載した。メートル法への換算は作業部会が行った。

注：車椅子，歩行器，移動ベッドの国際基準はないので，図は平均的な大きさと形を示したが，有益な参考資料にすべきである。

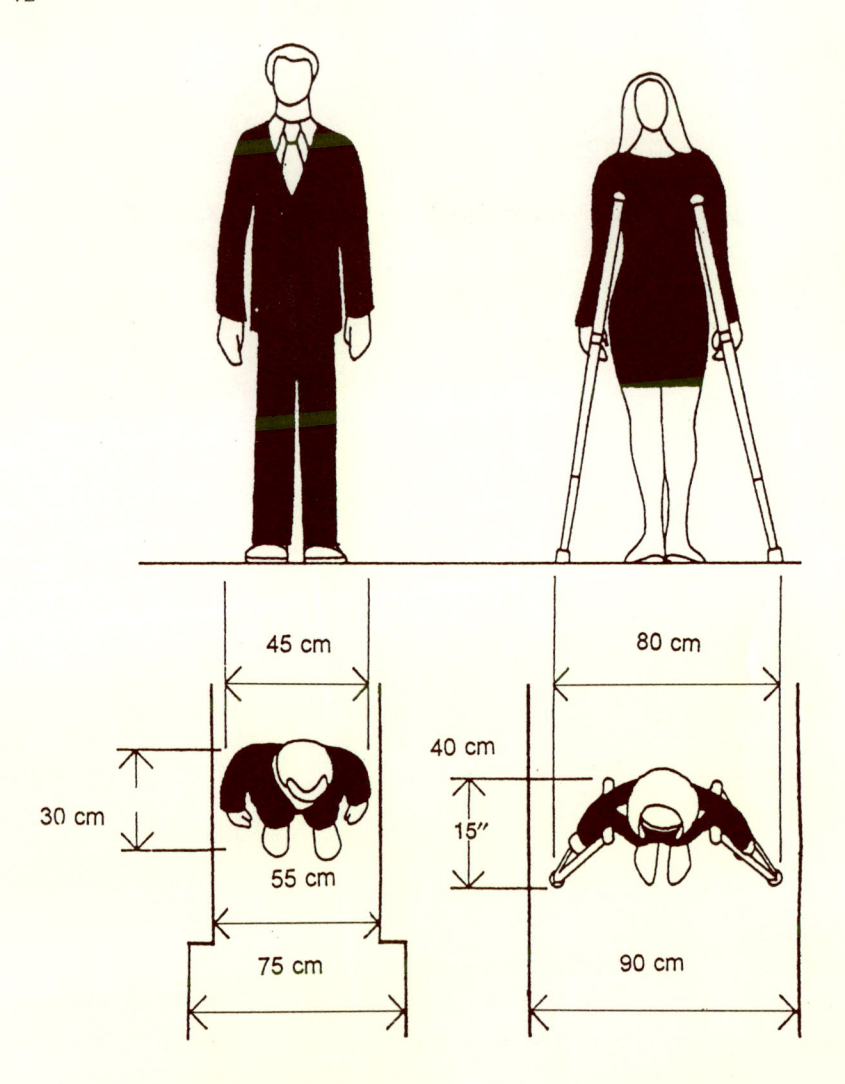

Dimensions and clearance for the human figure: ambulant (left); semi-ambulant, with crutch (right).

歩行可能者　　　　　　　　　　歩行困難者
　　　　　　　　　　　　　　　（松葉杖など）

付録 73

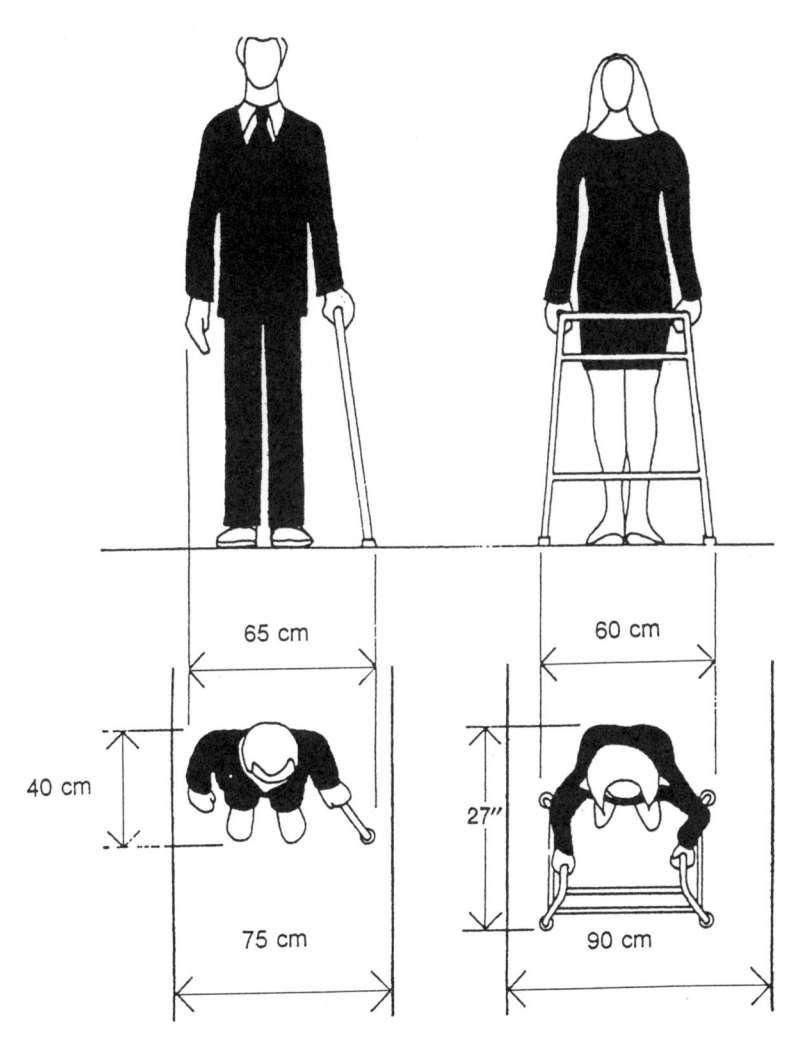

Dimensions and clearance for the semiambulant human figure: with cane (left); with walker (right).

杖をついた歩行者　　　　　　　　　歩行器

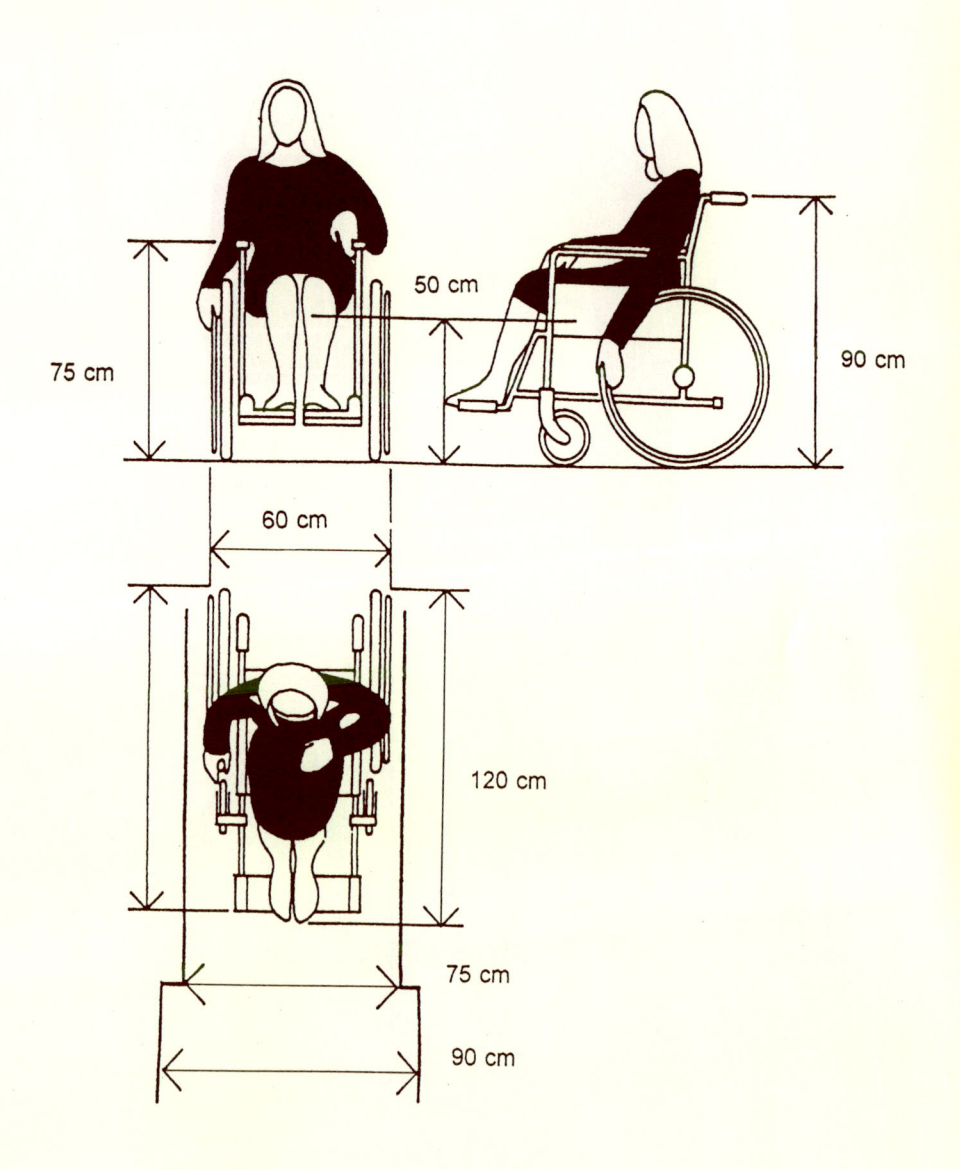

車椅子の幅と通行

付　録　75

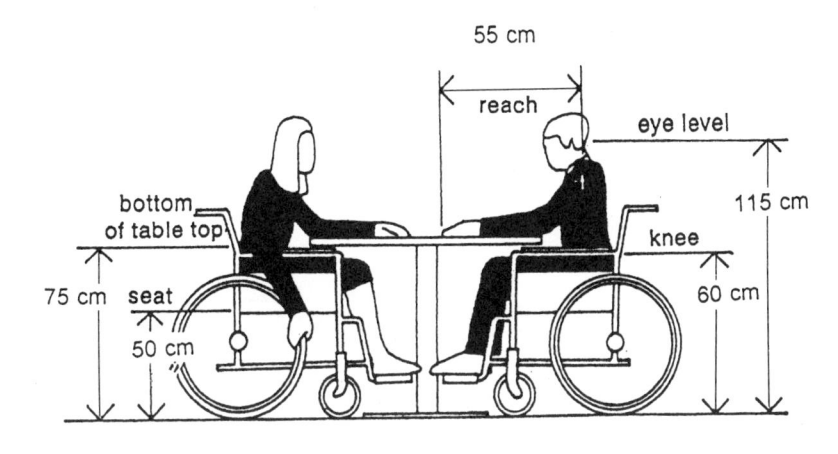

テーブルと車椅子の高さ

床から20cmの高さ

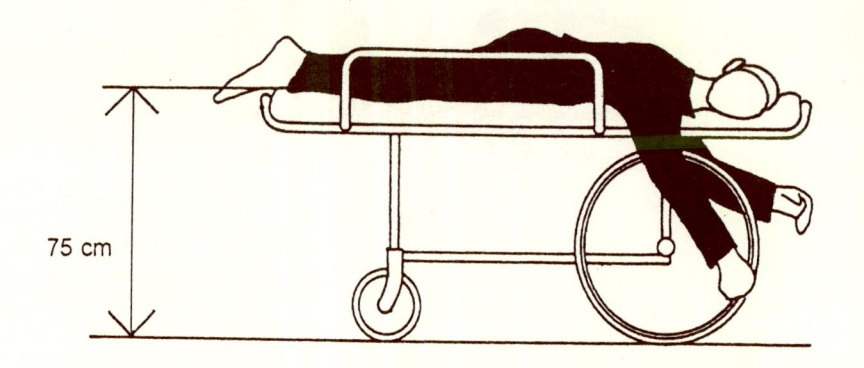

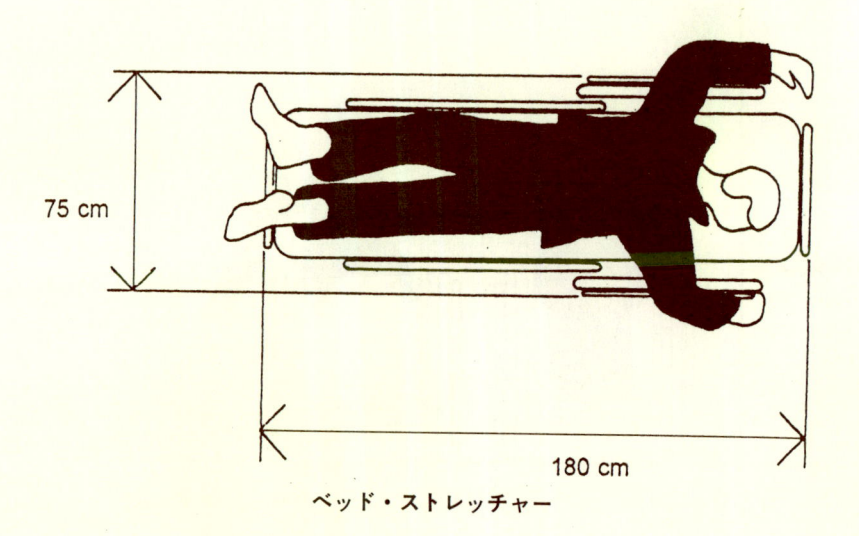

75 cm

75 cm

180 cm

ベッド・ストレッチャー

付　録　77

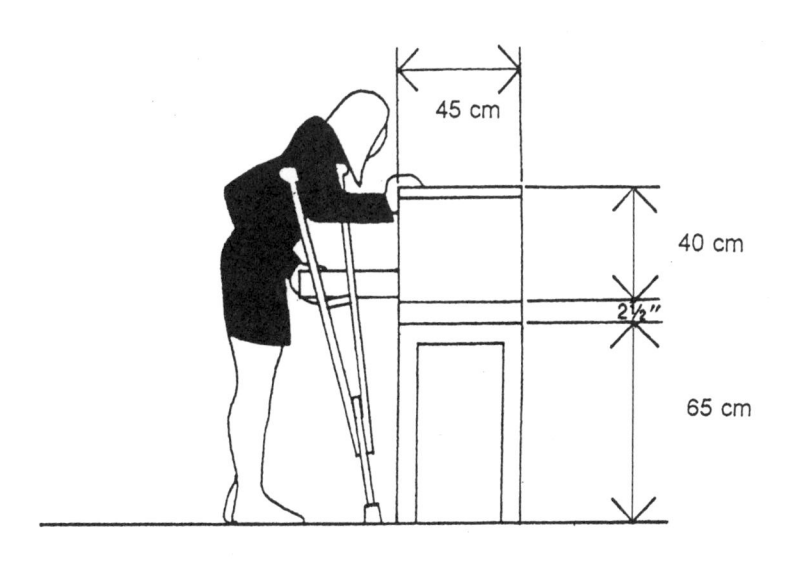

カード・カタログ
目録カード

索 引

●アルファベット順

ALA　→アメリカ図書館協会を見よ
CD　*39,40,45,48*
DVD　*39,40,48*
IFLA病院図書館委員会　*21*
IFLAの勧告　*22*
IFLA東京大会　*4*
IT革命　*7*
QOL（生命・生活の質）　*6*
UN　→国連を見よ
WHO　→世界保健機関を見よ

●五十音順

[あ行]

アウトリーチ・サービス　*57*
アピール文採択　→全国図書館大会を見よ
アメリカ　*5,18,19,20,21*
アメリカ図書館協会　*19,20,21*
医学・健康科学協会　*57*
医学書　→健康医療情報を見よ
医学論文　*5*
イギリス　*18,19,20*
イギリス図書館協会　*21*
椅子（図書館備品）　*35-36,39*
移動ベッド　*31,36*
医療消費者　*46*
医療情報　*3,6*
医療情報開示　*5*

医療情報文献　→医療情報を見よ
インターネット　*7,39,48,50*
インターネット・ディスカッション・グループ　*57*
インターネットの悪用問題　*48*
インフォームド・コンセント　*6*
インフォームド・ディシジョン　*46*
英国赤十字社　*19,20*
オーディオ　*40*
オートメーション　*44,51-54*
音楽療法　*17,51*
音声カセット　*63*
オンライン音声出力　*63*
オンライン拡大複写　*63*
オンライン・カタログ　→電子目録を見よ
オンライン・データベース　*48*

[か行]

外部資源の利用　*56-57*
家具　*35-36*
学校教育　*6,50*
カリフ・アル・マンスール病院　*18*
患者図書館
　　―具体的目的　*26*
　　―使命　*26*
『患者と図書館』　*5*
患者本位の医療　*3,4*
教育　*5,50*
苦痛緩和剤としての音楽　*17*

車椅子　35,37
刑務所　22
健康医療情報　5,17,46,48
健康情報　16,45,46
研修　→図書館職員を見よ
公共図書館　5,6,7,17,56
公共図書館分館　7
広報活動　54-56
公民権運動　5
高齢者　6,58-61
国立図書館　57
国連（国際連合）　61
心の慰めとしての読書　5
心のバリアフリー　7
子どもセクション　33
コピー機　38
娯楽書　5,16
コーラン　18
コレクション　→図書館蔵書を見よ
コンピュータ　→パソコンを見よ
コンピュータ・セクション　33

[さ行]
在郷軍人局（アメリカ）　20
在宅ケア　17
作業と収納エリア　34
作業療法　50
雑誌　37
触る本　63
栞　→広報活動を見よ
視覚障害者　22,49,63
視聴覚エリア　32-33
視聴覚資料　38
失語症　22

失読症　22
児童　→子どもを見よ
字幕付きビデオ　63　→ビデオも見よ
市民　5
事務室　34
社交エリア　33
主題別書誌　53
手話によるお話や講演　63
生涯学習（教育）　5,6
消毒（床）　36
消費者運動　5
情報アクセス・バリア　63
情報へのアクセス権　5
情報・貸出セクション　33
情報技術　7　→IT革命も見よ
情報バリアフリー　6,63
照明　34-35
書架　36-38
　－材質　37
　－幅，書架の高さ　37
職業教育　6
資料選択　7,45
知る権利　3,5
人員　40-43　→図書館職員も見よ
身体障害者用トイレ　33
新着リスト　53
新聞　37
精神病　18,19
生命・生活の質（QOL）　→QOLを見よ
世界保健機関　58,61
セカンド・オピニオン　6
全国会議（日本，患者図書館）　5

全国実態調査（日本）　5
全国図書館大会（新潟）　3
　—アピール文採択　3
戦時下図書館サービス　19,20
専門図書館　7
倉庫　34
蔵書　→図書館蔵書を見よ
蔵書分析リポート　53

[た行]
大活字本　45,63
知的障害者　63
聴覚障害者　49,63
長期入院施設での文化活動　50-51
治療共同体　6
デイセンター　22
データベース　48
テーブル　35　→図書館備品・用品も見よ
点字（本）　37,63
点字タイプライター　63
点字プリンター　63
電子メール　39,40
電子目録（カタログ）　33,38,53
電話（図書館備品）　38
ドイツ　19,28
読書・学習エリア　32
読書機　63
読書補助具　30,48,49,63
読書療法　17,51
図書館運営　7,28
図書館間相互貸借　56
図書館協会　57
図書館計画　28

図書館コンソーシアム　56
図書館サービス　29,49-51
図書館施設　28-40
　—位置　30
　—入口と環境　31
　—スペース　31-32
　—備品・用品　38-40
　—床　36
　—割り当て　32-34
図書館事務室　34
図書館職員　40-43
　—教育と研修　43
　—資格，資質　41
図書館資料　45-49　→図書館蔵書も見よ
　—アナログ型，デジタル型　48
図書館資料を利用する権利　24
図書館蔵書　30,45-49
　—必要冊数，交換率　47
図書館組織　28-30
図書館の収納能力　31-32
図書館の雰囲気　31
図書館プログラム　49-51
図書館用品・用具収納スペース　30,34
図書館予算　43-44
図書館利用者　27-28

[な行]
日本病院患者図書館協会　4,5
日本病院図書館研究会　5
入院期間　15,16,17
ネットワーク・セキュリティ　39

[は行]

パソコン　39　→コンピュータ・セクションも見よ
バリアフリー　→情報バリアフリーを見よ
パンフレット　37
ビデオ　40,48
ビデオ（字幕付き）　48
備品　38-40
病室巡回サービス　49
『病院患者図書館』（機関誌）　5
病院図書館会議　4
病院図書館の歴史　18-22
ファックス　38
福祉介助機器　39
ブックカート　30,38,39,49
ブックトラック　→ブックカートを見よ
プリンター　39
フローリング　→床を見よ
文化　5,7　→長期入院施設での文化活動も見よ
ヘッドホン　32,33,40
歩行器　36
ホームページ　40
ボランティア　7,17,19,34,42,43

[や・ら行]

床　36　→図書館施設も見よ
ユニオン・リスト　57
用語の定義　24-25
予算　→図書館予算を見よ
読みやすい本　63
ラウンジ　34
ランプ　35
リクエスト・サービス　49
リハビリテーション　18,50
利用者　27
リラクゼーション　17
歴史　→病院図書館の歴史を見よ
レクリエーション療法　50
レファレンス・サービス　50
レファレンス資料　37
老人ホーム　17
録音図書　57,63

IFLA 病院患者図書館ガイドライン　2000

2001年10月20日　初版第1刷発行　　©2001

定価：本体1,000円（税別）

編　者：国際図書館連盟ディスアドバンティジド・パーソンズ
　　　　図書館分科会作業部会
訳　者：日本図書館協会障害者サービス委員会
発行者：社団法人　日本図書館協会
　　　　〒104-0033　東京都中央区新川1-11-14
　　　　☎ 03-3523-0811　FAX 03-3523-0841
印刷所：㈱アベイズム

JLA200131　　　　　　　　　　　　　　　　　　Printed in Japan

ISBN4-8204-0118-1
本文の用紙は中性紙を使用しています。